休闲体育产业化发展研究

易　芳　著

中国商业出版社

图书在版编目（ＣＩＰ）数据

休闲体育产业化发展研究 / 易芳著. -- 北京 ： 中国商业出版社，2023.12
　　ISBN 978-7-5208-2841-3

　　Ⅰ．①休… Ⅱ．①易… Ⅲ．①休闲体育－体育产业－产业发展－研究－中国 Ⅳ．①G812.4

　　中国国家版本馆 CIP 数据核字 (2023) 第 247184 号

责任编辑：聂立芳
策划编辑：张　盈

中国商业出版社出版发行
（www.zgsycb.com　100053　北京广安门内报国寺1号）
总编室：010-63180647　编辑室：010-63033100
发行部：010-83120835/8286
新华书店经销
三河市悦鑫印务有限公司印刷
*
710毫米×1000毫米　　16开　11.5印张　205千字
2023年12月第1版　2023年12月第1次印刷
定价：78.00元
* * * *
（如有印装质量问题可更换）

　　随着我国综合国力不断提高，社会经济快速发展，人民生活水平不断提高，人们不再满足于基本的物质生活需求，开始重视精神生活享受，休闲体育活动受到越来越多人的青睐。就人民群众参与的程度来说，未来的体育更为侧重的并不是传统的竞技体育，而是普惠大众的休闲体育。

　　体育在提高人民身体素质和健康水平、促进人的全面发展，丰富人民精神文化生活、推动经济社会发展，激励全国各族人民弘扬追求卓越、突破自我的精神方面，都有着不可替代的重要作用。21世纪我们身处休闲时代，如何利用体育运动进行休闲，让体育伴随人们的一生，让体育带给人们幸福和快乐，让体育成为人们宣泄社会压力、寻求健康的路径，这是体育工作者要解决的问题，也是发展休闲体育的根本目的。本书从我国实际出发，结合当前休闲体育运动的发展状况，从不同的角度对休闲体育的发展进行了分析，并对常见的休闲体育运动项目进行了分析指导，希望能够为我国休闲体育事业的发展略尽绵力。

　　本书共用八章对我国休闲体育理论及其相关项目指导进行了分析。第一章到第四章，分别从休闲体育的文化特征、休闲体育服务、休闲体育管理，以及休闲体育营销等角度对休闲体育理论进行分析，具体包括休闲体育的历史演变，体育休闲文化对生活方式的影响，休闲体育服务的相关技巧分析，休闲体育设施管理和休闲体育企业管理的研究，以及休闲体育营销的策略与技巧。第五章到第八章，分别对滨海休闲体育项目、沙漠休闲体育项目、草原休闲体育项目、冰雪休闲体育项目、空中休闲体育项目进行了分析，并对项目开展需要的场地、设备以及注意事项进行了指导。

　　在撰写过程中，作者力求做到以下两点。

1.理论性和应用性相结合。本书注重理论知识体系的完整性、逻辑性；此外本书力求理论与实践紧密结合，理论能够真正指导具体实践。

2.内容丰富新颖、形式活泼易读。在撰写体例上，要求每章尽可能多地联系实际，并综合运用插图、表格提高可读性。

本书是一本综合性的休闲体育理论与项目指导研究，在创作上力求做到视野更广阔、见解更独到、视角更新颖、文字更细腻、陈述更精辟。但由于作者水平有限，肯定有疏漏之处，对此，希望广大读者和同行专家批评指正。

作　者

2023 年 8 月

目 录

第一章 休闲体育及其文化特征工作

现代都市生活节奏加快，人们在紧张的工作后，身心疲惫，生活中的负面情绪增加，引起人们的心绪烦躁不安，需要通过一定的方式进行减压调节，以重新恢复身体的平衡。休闲体育活动就是一种消除疲惫、平衡身心的良好途径。因此，许多繁忙的人每天都回抽出时间从事健身活动，以保持旺盛的精力以适应紧张的工作和快节奏的生活。同时，每周五天工作制的实行，为人们进行休闲体育消费提供了时间保证。

目前，现代休闲体育活动越来越成为人们日常生活中不可缺少的内容，"花钱买健康"已成为一种消费意识，参加既有利于人们的身心健康又可以培养人的意志的体育活动，逐渐变成了人们自觉的行动。

第一节 休闲与休闲社会

一、休闲的基本定义

休闲：指在非劳动及非工作时间内以各种"玩"的方式求得身心协调与放松，达到生命保健、体能恢复、身心愉快的一种业余生活。

现代人为生存需要的谋生手段的劳动有两种形式。

（1）体力劳动：劳动密集型的生产方式，劳动者必须以机械的动作重复大量繁重的工作。

（2）脑力劳动：知识经济、信息时代，自动化、现代化智能型生产方式使体力付出降低，而心理压力及精神紧张则达到了极限。

劳动创造物质财富，也为提高我们的生活质量提供了基本条件和可能。

休闲作为舒缓压力的一种手段，也是崇尚自然、追求舒适、满足个性的生活方式。所谓生活质量正是通过劳动和休闲相互影响又相互作用的过程体现出来的。

随着生产力水平的不断提高，劳动者的休闲时间逐渐增多，建立在物质财富和现代科学技术基础上的休闲生活日益丰富多彩，人们的生活质量正在逐步提高。

二、休闲社会

20 世纪人类社会曾经历四次波澜壮阔的财富浪潮：汽车的普及、房地产的发展、个人电脑的普及和互联网的推广。四次浪潮颠覆了几千年来人类的生活形态。这些发展不但打造了许多企业帝国，抢占先机的企业家和投资者更是积累了富可敌国的财富。同时，每一次财富浪潮都推动了社会生产力的提高、人们生活水平的上升、闲暇时间的增多，并带来生活方式的变革。到 21 世纪，一个新的财富浪潮已经来临，那就是以休闲为主要内容的健康产业和服务产业。

（一）休闲社会的到来对社会经济发展的影响

早在 20 世纪 70 年代，西方未来学者就预言，历史的车轮进入 21 世纪，人类会以一个全新的面貌发展，知识和信息成为人类社会发展的基本保障，社会结构也将发生相应的变化。令人惊叹的是，这些学者的预言相当一部分已经成为现实，事实上很多社会变化比他们的预测来得还要早。社会发展是以生产力为基础的，人类社会的发展围绕生产力的发展曲折向前。20世纪下半段，随着生产力的提高，人们从繁重的劳动中解放出来，业余时间越来越多，精神层面的需求逐渐增长，休闲成为一项重要的社会活动。

从 20 世纪六七十年代开始，人们的观念逐渐变化，休闲成为一种产业化的社会活动。1970 年联合国召开国际闲暇会议，通过了《休闲宪章》，对人们的生活产生了很大的影响。国际休闲体育研究的著名专家杰弗瑞·戈比（Geoffrey Godbey）和托马斯·古德尔（Thomas Goodell）先生曾预测："2015 年前后，世界上的发达国家将进入休闲社会，休闲产业可能成为经济发展的重要力量，人类社会也会再一次发生深刻的变化。"

根据一项权威的预测，当人均 GDP 达到 2 000 美元时，休闲需求会迅速发酵，并随着经济的持续发展成为一股重要的经济力量；如果人均 GDP 达到 3 000 美元，社会生活将会有接近 1/3 的时间用来休闲，收入的 1/3 用来满足休闲需求，国土 1/3 用来开发休闲产业，这三个条件是休闲社会成熟的基本标志。如今发达国家的人均 GDP 已经达到 40 000 美元，休闲已经成为大部分人生活中的重要构成部分。美国休闲学会对美国社会以及生活消费领域进行的调查显示，美国的休闲产业已经超越传统产业，成为美国第一大产业，就业人口超过总就业人口的1/4。2023年7月27日，中国国际数字娱乐产业大会（CDEC）在上海浦东召开，中国音像与数字出版协会、中国音数协游戏工委对外发布《2023年1—6月中国游戏产业报告》。报告显示，2023年1月到6月，国内游戏市场实际销售收入规模为1 442.63亿元，电子竞技作为新兴的休闲体育产业，迅速发展并占据了整个休闲娱乐市场很大的份额。

（二）我国社会经济的发展将把我国带向普遍有闲的社会

于光远在《论普遍有闲的社会》中提出："争取有闲是生产的根本目的之一，闲暇时间的长短与人类文明的发展同步。"[①]从当前的发展趋势来看，如果闲暇时间能够随着生产力的发展而进一步增多，休闲的地位和社会作用也会进一步提高，这是未来社会发展的必然趋势。

1. 我国居民生活水平的提高

从国际发展经验来看，人均GDP达3 000美元~5 000美元经济结构开始出现变化，人们的闲暇时间和休闲需求逐渐增加，精神享受和奢侈品成为人们消费的重要方向。物质资料的丰富，使人们将更多的精力投入到改善精神生活上，经济的刺激使得人们的价值观发生了巨大的变化，休闲产业也因此发展起来。

国家统计局公布的数据显示，2022年中国实现国内生产总值121.02万亿元，人均GDP达8.6万元，同比增长3%，以省级行政区为单位，人均GDP超过10万元的共有7个，依次为：北京、上海、江苏、福建、浙江、天津、广东。当一个国家或者地区人均GDP超过3 000美元之后，城镇化、工业化的进程会加快，居民的消费类型、消费行为也会发生重大的转变，超过5 000美元之后其消费结构将向发展型、享受型发展和升级。经济快速增长将导致人们生活方式的重大变化，追求更高生活品质的时代正在快速到来！

2. 闲暇时间的增多

我国政府于1995年5月起，开始实行5天工作制。随后为了刺激旅游等第三产业的发展，推出了"五一""十一"和"春节"三个黄金周。2007年11月国家将法定节假日由10天增加为11天，对三个"黄金周"作出了调整，"五一"黄金周被缩减，其他两个保留，增加1天假期，除夕、清明、

---

① 于光远. 论普遍有闲的社会[M]. 北京：中国经济出版社，2005.

端午和中秋三个传统节日，正式纳入法定节假日。

就工作闲暇时间而言，我国的假期时长与我国经济发展水平相适应。闲暇时间的增多，使得人们选择休闲的方式更加多样化，远途旅行逐渐开始流行。

另外，全民健身计划在全国的推广，使得体育休闲和健身休闲成为人们日常休闲项目的重要内容。

3. 生活理念和生活方式的转变

我国休闲学者研究表明，自改革开放以来，我国居民经历了三次消费革命。

第一次，20 世纪 80 年代经济水平落后，吃饱、穿暖等生理层面的需求是人们工作的主要动力，这一时期人们为了获取生活资料奔波忙碌，无暇参与到休闲活动当中。

第二次，1993—2005 年是人们物质欲望增长的时期，这一时期住宅作为耐用消费品的代表，成为人们追求的主要目标。此外，家电、汽车等改善生活条件的耐用消费品，也是人们消费的主要方向。

第三次，2006 年—至今，人们开始注重精神自我，并将关注的目光放到自我价值实现上。

4. 疾病的困扰，促使国民健康、健意识提高，推进了休闲体育的发展和进步

社会进步带来激烈的竞争，现代人压力增大，生活节奏加快。体育休闲作为一种放松身心、强健体魄的活动，可以很好地调节现代人在快节奏生活压力下产生的各种问题，缓解当前人们的亚健康状态。随着 2022 年北京冬奥会的筹备与举办，我们已经实现了"带动三亿人参与冰雪运动"的目标。

据统计，全国冰雪运动参与人数达到 3.46 亿人，居民参与率达到 24.56%。真正实现了全民健身。北京冬奥会带动越来越多的人享受运动的乐趣。人对大自然有着天然的亲近感，堆雪人、打雪仗、溜冰是很多人的娱乐项目。既能强身健体，又能提高幸福感。

在多元化的市场需求面前，体育休闲作为人们精神消费市场的重要内容，未来必将迎来快速发展。高校应该以此为基础，加快休闲体育人才的培养，为我国休闲经济的发展打下良好的基础。

5. 休闲业和休闲服务业快速发展的需要

我国休闲业和休闲服务业发展十分迅速，对应用型的休闲体育人才的需求缺口越来越大。2022 年年末我国疫情防控政策优化，国内旅游需求迅速释放，2023 年国内旅游业营业收入迅速上涨。2023 年第一季度，国内旅游业营业收入为 1.3 万亿元，较 2022 年同期增长了 69.5%。随着疫情影响的逐渐消退，国内旅游热度将持续上升，国内旅游营业收入也将加速回升。预计到 2030 年，我国旅游总消费额将超过 11 万亿元。旅游业十分火爆，随着经济的快速发展，未来可能会更加火爆。

第二节 休闲体育及其历史演变

一、休闲体育的概念和内涵

（一）休闲体育的概念

休闲体育是用于娱乐、休闲的各种体育活动。体育活动有健身、竞技、游戏、娱乐等属性，具有改善与发展人的身心健康，提高人体机能水平的作用。体育用于竞技能够激发人的潜能，锻炼人的意志、品质，一些趣味性的休闲项目更是可以放松身心、培养团队精神。从这个意义上来说，休闲体育项目既可以是体育项目也可以是休闲娱乐的内容。

休闲体育并不是新产生的一个概念，在传统活动中休闲体育常以另一种方式呈现，用来满足人们的休闲心理和发展需要。

（二）休闲体育的内涵

休闲体育的内涵可以从以下五个不同语境来阐释。

1. 时间语境

时间语境下对休闲体育进行阐述，自由时间是休闲活动开展的核心要素，参与"休闲体育"建设的前提是人们必须要有足够的时间来支配自己的活动。

休闲体育的核心是"休闲"，如果没有闲暇时间体育活动就根本无从谈起。休闲体育是有时间的人，在自己精神需求的驱动下，通过体育活动来满足自己的精神需求，是一种内在需求催生的活动。

2．文化语境

文化语境下对休闲体育进行阐述，主要是通过人们的精神需求、情感变化以及个人感悟等内在因素的变化，来对人们的体育休闲活动进行分析。

体育运动一方面通过身体形态、动作技能、场地器材、竞赛与活动的规则、规程等有形的方式进行呈现，另一方面则是通过精神要素等方式呈现的，比如意志、时代精神等。休闲体育活动的存在方式比较独特，基于休闲与体育的特征，可以把休闲体育理解为：人类为满足自身的体育运动需求而探索的体育运动创造、体育竞赛鉴赏、体育文化构建的新的行为方式。

3．现实语境

如果对休闲体育内涵进行深入的理解，休闲体育一般是指进行体育活动的各种物质、制度、规定、精神以及现象过程的总和。就当前来说，休闲体育实现途径主要有以下几个方面。

（1）以身体运动为主要内容的体育竞赛与健身活动，比如各种球类运动、户外运动等。

（2）以非身体运动为主（智力类）的体育活动，如棋牌、电子竞技等。

（3）体育文化鉴赏，通过参观体育场馆诸如国家体育场（鸟巢）、水立方、北京工人体育场、国家体育博物馆、体育艺术展等。

（4）高水平体育竞赛观赏，如中超足球比赛、CBA篮球比赛、大师杯网球比赛以及高水平体育表演。

（5）体育培训、健身咨询和体育彩票等博彩活动，也包括体育报纸杂志、健身体育知识、运动技能和体育培训等。

4．使命语境

休闲体育具有两大任务：一是增强人的体质，消除或减缓人体的疲劳；二是能让人获得精神上的慰藉。人们通过休闲体育获得更加美满的幸福感，保持一种内心的宁静与平衡。体育运动是采用运动、玩耍、竞技比赛、健身娱乐、体育观赏等方面的手段来锻炼身体、增强体质、互相交流，从而获得一种自我的归属感，达到自我实现的使命等；休闲体育是一种积极而又自愿的体育活动，是一种可以从心灵深处摆脱被物质压抑和束缚的解放。休闲体育可以促使人抛弃心胸狭隘与自我封闭，催化愉悦轻快的心灵之花的绽放。体育运动是休闲体育的基础，获得精神慰藉和身体冲击是休闲体育的核心。

5.目标语境

休闲体育的目标是使人类自身进化责任的回归，要从物欲横流重新回归到生命本身，从而塑造人的真实的自我存在的客观价值。

体育是一种社会文化现象，休闲与体育的结合成为一种新的文明、健康和科学的生活方式。休闲体育对大自然的青睐、崇拜、征服，在一定程度上就是人的野性与肉体、精神磨砺的功能的回归，而这种回归在当今弥足珍贵。休闲体育在20世纪中叶兴起于西方社会的时候，穿越、探险、挑战、极限运动等都显示了休闲体育的魅力和本色，体现了一种人类对回归精神家园的追求。

二、休闲体育的历史演变

研究休闲体育的历史演变和行为特点，对于我们深入分析和认识人类在不同时期开展休闲体育的情况，分析和解决休闲体育的发生以及发展历程中存在的各问题具有重要的意义。

根据托夫勒《第三浪潮》中的研究，人类休闲活动的历史可能超过一万年，换句话说，人类在一万年之前就已经有休闲类的体育活动。著名的历史学家马丁指出："在可记载的历史之前我们只能推测人类从事何种类型的活动，尽管史前时代人类主要是为了生存而进行着各种与自然界和生物种群的斗争，但人类通过多种形成的娱乐活动寻求更舒适、更符合人性的生活的例子是不难想象的，不管人类存在于何时何地，其生物性中自娱自乐的本能会使他们在可能的情况下通过身体运动来娱乐身心。"

（一）原始社会的休闲体育

在原始社会，生存是人类面对的最大问题。但是考古学家在对古人类遗址进行发掘与研究后发现，即使在生产率极度低下的情况下，人们仍然需要满足自己的精神需求，进行休闲体育活动。原始社会由于生产力低下，人们的休闲活动大多较为原始，比如草地玩耍、爬树、戏水等。经过时间的积淀，这些活动逐渐成为文明社会早期祭祀、饮食、生活的重要来源，影响后来的人类社会形态。

想要区分原始社会人类的劳动与休闲游戏其实很困难，因为原始社会人的活动都是围绕生存展开的，而保证生存的最主要活动就是劳动。在艰难的生存环境中，人类练就了劳动中娱乐的生存本领。早期部落文明，人类依靠种植、狩猎、捕鱼等活动保证生存，滑雪、游泳、骑马等活动作为休闲娱乐，在原始社会这些活动既是生存手段，也是休闲活动，正是这些活动，奠定了人类休闲体育活动的基础。原始社会人类的生活虽然艰难，但在解决生计问题之后，也会通过一些活动庆祝喜悦的心情。

考古学家在古埃及坟墓、碑文的遗迹中发现：古代的埃及社会，部落的阶级体系严格，身处底层的人民从事休闲和体育活动，高等阶级通过欣赏低等阶级的表演进行休闲娱乐，这是古代休闲体育活动的雏形。

原始社会劳动和娱乐是分不开的，正如卡伦所说："原始人对于工作和娱乐不会进行区分，娱乐活动大多也不是有组织、有计划的行为，庆祝丰收和节日是原始人休闲体育活动的主要集中开展时间，其他时间都与劳动融合在一起"。

（二）农耕时代的休闲体育

大约八千年前，人类对自然的认识开始逐渐加深，动物驯养和植物种植逐渐成为人类生存的基本手段。在中国的黄河流域，早在五千多年前就有规模种植农作物的活动。人类农业活动的出现代表着人类社会文明向着更高的层次发展，农耕时代来临了。

当古代人类开始从事农耕之后，逐渐对这种安全可靠的生存方式产生了依赖。依靠这种稳定的生存资料获取方式，人类从不可靠因素影响下的狩猎活动中解放出来。后来养殖业逐渐兴起，人类食物的来源更加稳定，闲暇时间也逐渐多了起来。我们之前提到，闲暇时间是休闲体育活动产生的基础，因此生产方式变化催生的闲暇时间刺激了休闲体育活动的发展。

（三）古希腊文明的休闲体育

在人类文明的演变中，人们通过娱乐构建起了不同性质的文化和组织，体育运动也在这些组织和文化的促进下逐渐兴起。古希腊是一个文明发达的国家，他们认为如果没有娱乐活动就不可能产生体育，如果没有体育活动，人类的审美就不可能发展起来，如果没有审美，人类的创造力会逐渐枯萎。

古希腊人认为，只有精神和身体双重发展的人才是健康的，人的素质才能得到提高。因此在解决生存问题之后，古希腊人特别注意精神层次的丰富，对各种休闲和体育竞技活动情有独钟。

据文献记载，古代希腊的学校会教授给学生各种生存和生活的技能，比如阅读、计算、艺术、体育等，这些知识的传授一方面是为统治者提供管理人员，另一方面是要锻炼人们的体质，为战争做好准备。

古希腊的学者亚里士多德将工作和娱乐看作两个相互平衡的要素，娱乐是最终的目的，工作是达到目的的手段。娱乐活动能够锻炼人的智力、身体，能够放松心情、缓解疲劳，这为处于繁重劳动之下的人们提供了放松和休息的机会。运动游戏最开始出现在古希腊的宗教节日上，目的是活跃节日气氛。

（四）中世纪的休闲体育

从公元 400 年到公元 1500 年在欧洲被称为中世纪，这一时期西方社会的主导力量是基督教。早期基督教徒崇尚劳动，认为劳动是有益于人类发展的活动，无所事事则会对人类的发展产生负面作用。因此，早期在基督教的引导下人们更多地将自己的精力集中到劳动上，休闲娱乐活动甚少。

这种哲学与早期的天主教对劳动的认识有很大的差别。天主教崇尚脑力劳动。他们认为，只要有足够的财富，体力劳动是不需要的。牧师们的思考作为一种精神指引，是人类活动的最高境界，受到推崇。

马丁·路德发起的宗教改革运动，有力地改变了人们对待工作和事物的态度，他将工作看作是个人发展的最直接手段，鼓励人们将自己的劳动献给上帝。路德的宗教改革，将教职人员和其他工作者平等对待，劳动不分职业，都值得尊敬，但无所事事是一种罪恶。

很多对欧洲中世纪研究不深的学者，都认为这一时期是基督教道德最严格的时代，人们必须以宗教的教义作为自己的处世原则，并将这个时代带上宗教道德的变迁。事实上中世纪休闲体育活动并没有因为宗教的影响而衰弱，相反在这个时期，休闲体育因为各种原因得到了进一步的繁荣。

（五）文艺复兴时期的休闲体育

文艺复兴时期始于公元 1300 年的意大利，持续了将近 300 年。文艺复兴因为科学上的突破和艺术上的繁荣，载入人类发展的史册。不能忽视的是休闲体育活动在这一时期也得到了很好的发展。

在文艺复兴期间，宗教道德逐渐崩塌，人们开始关注自由、平等、权利，自我属性逐渐得到释放，娱乐活动和社交聚会，经常会因为道德规则的打破而出现低俗的现象。因此，在这一时期人们逐渐抛弃传统的娱乐模式，将目光集中在新型休闲娱乐项目上，比如这时期的男性热衷于击剑、打猎、骑马、下棋等活动。女性地位有所提升，能够参与到这些活动的观赏当中。

伴随着文学、建筑、雕刻、绘画、音乐和话剧的诞生，音乐会成为人们热衷的一项高雅娱乐项目。尤其是这一时期的女性，以能够听知名音乐家的音乐会为荣。这一时期诞生了许多伟大的艺术家，如达·芬奇、拉斐尔、米开朗琪罗等，他们的作品为这一时期娱乐休闲活动的发展提供了很好的素材。

（六）工业革命时期的休闲体育

工业革命也叫产业革命，是资本主义工业化的初始阶段。在工业革命中，机器生产逐步取代手工生产，小规模的个人作坊逐渐被大规模的社会化生产取代。工业革命是以科技为驱动力的一场生产革命，开始于欧洲，以蒸汽机为动力的生产机器投入生产使用为标志。

工业革命对人类的生产和生活产生了重大的影响，彻底颠覆了人们的生产模式和生活方式，城市人口也随着工业革命的开展而暴增。工业革命提升了生产力的发展水平，丰富了人们到的物质资料，促进了人们生活水平的提高。

在工业革命中，工作是生活的中心，时间成为人们生活的基本刻度，工作－生活的时间线分割了人们的日常活动。长期单调、重复的生活使人们的日常变得乏味，人们在工作之余开始寻求新的方式来发泄压抑的心情，于是休闲娱乐活动在大工业生产下逐渐流行起来。

娱乐的商业化并没有因为工业生产而消失，相反在生产的刺激下，娱乐活动的发展更加兴盛，正如埃德韦兹在他的《流行娱乐》中写道："职业娱乐者在一切允许他们合法存在的每个领域里占支配地位，有时变相的户外运动会成为娱乐过度的托词。"

（七）当代社会的休闲体育

当代社会最显著的特征是生活方式的城市化。城市化生活方式给社会发展带来积极效应的同时，也给人们的身心健康带来了许多不利影响。

首先，随着城市化进程加速和世界人口的"爆炸"，地球人将有一半以上居住在城市，促使现代城市向高空发展，摩天大楼比比皆是。当人们居住在钢筋水泥森林的"方盒子"里，与阳光、空气和水等大自然越来越远时，自然造物的人体感受到了越来越多的不适应。

其次，由于城市工业化带来的大气污染、水土流失、植被减少，使环境日益恶化，生态平衡遭到破坏，从而导致大自然对人的报复：烟雾、酸雨、沙尘暴、二氧化碳和二氧化硫的增多，频繁的洪灾、持续的旱灾、疾病等，这些都给人类健康带来严重威胁和摧残。

再次，城市交通、通信网络工具的现代化和家务劳动的社会化，大大减少了人们从事体力活动的机会，同时又使个人余暇时间显著增加。由于食物构成的改善，脂肪和蛋白质摄入增多、消耗减少，导致"运动缺乏，营养过剩"，给人们的身心带来不利影响。

最后，现代生活节奏加快，社会竞争加剧，造成了城市居民机能（身体、精神、心理）与社会环境之间的不平衡，出现了"心理压抑综合征""无气力无感情""生活能力下降"等现象。高血压、冠心病、神经症、肥胖症等"现代文明病"呈快速增长之势。

休闲体育为补偿当代生活方式的缺失创造了条件。休闲与体育的结合是对抗文明病的一个重要手段，它可以有效地预防慢性病，如肥胖症、糖尿病、心脑血管病等，并且还可以有效地改善血液循环，提高睡眠质量，加快新陈代谢，延缓衰老，保持活力等。

如果从社会效应来关注休闲体育，它还可以促进社区和谐，增进人际交往，提升人们的幸福感和满意度。人们把休闲体育的发展与自己的生活质量、自己的未来生命价值体现形式联系得更加紧密，更加关心休闲体育的发展。

伴随着休闲体育的悄然兴起，休闲体育产业已经逐渐成为休闲产业的一个重要组成部分，许多自娱性体育项目，如高尔夫球、保龄球、网球、乒乓球、羽毛球等）和娱乐性体育项目，如足球、篮球、F1赛车等，已经成为主流体育产业；许多新兴的体育项目，如射击、射箭、皮划艇、击剑、蹦床、柔道、赛艇、游泳、摔跤、动力伞、滑翔、热气球、登山、攀岩、汽车、摩托车、摩托艇、滑水、跆拳道、弓弩、健身操、体育舞蹈、蹦极、探险、漂流、冲浪、潜水、飞艇、轻型飞机、运动游艇、牵引伞、跳伞等，更是如雨后春笋般地在我们身边流行和发展起来。

休闲体育正朝着大众化、娱乐化、普及化、多样化方向发展，并日益成为大众消费的热点。老年人和妇女的参与度较之以往任何一个历史时期都要高出许多。在美国和欧洲部分国家休闲体育已经成为国民经济的支柱产业，并成为新闻媒体重点关注的文化活动。

三、我国休闲体育发展的动因分析

随着我国经济的不断繁荣，现代休闲体育事业迅速发展，休闲体育事业迎来了新的发展机遇。在知识经济时代，人们的收入和闲暇时间都有所增加，在未来休闲体育活动必将获得更好的发展。

（一）经济发展持续带动

现代休闲体育事业的发展依托于经济水平的总体发展。从世界范围来看，休闲体育事业最先开始是在西方国家，这是因为西方国家工业化进程比较早，经济比较发达。西方国家的经验告诉我们，休闲体育事业是以经济发展为前提的，只有经济发展到一定的程度，休闲体育事业才能规模化发展。

改革开放之后，我国经济持续增长，创造了世界经济发展史上的一个新纪录，人们生活水平的提高使得收入的水平大幅度提升，衣、食、住、行的水平也不断提升，这刺激了休闲娱乐活动的发展。

（二）消费需求不断刺激

严格地说，休闲体育消费活动是一种高雅的文化消费活动，它能够消除人们心理疲劳，舒缓身体，放松心情，让人处于一种舒服的状态之中。体育休闲是一种高消费的休闲活动，因此必须有一定的收入基础，除此之外还必须具有一定的文化基础，能够从体育休闲活动中体会到更多的乐趣和满足感。

近年来，人们生活水平不断提高，物质生活不断丰富，我国人民的文化水平不断提高。在这种背景下人们对自己的内心需求越来越在意。物质生活的丰富，知识水平的提升，改变了人们以往的生活习惯和消费习惯，在基本的生存需求满足之后，必将投入更大的精力来进行适应时代发展的消费活动。

（三）消费市场逐步发酵

目前，我国人口已超过 14 亿，在世界总人口中占据了很大的比例。国家体育总局数据显示，截至 2022 年中国体育人口达 4.4 亿人。这个数量超过美国的总人口数。庞大的体育人口群体，拥有巨大的市场潜力。

我国人民总体收入水平上升使得人们有多余的钱用来满足自我的精神需求。在庞大人口群体的支持下，消费需求缺口十分重大。现代休闲体育消费项目不断丰富。同一个的消费项目使用设备的档次不同，能够服务和满足的消费群体也不同。在现代休闲体育服务中，要以消费者的需求为基础，科学制定服务内容，最大限度地满足休闲体育活动。

（四）技术手段日渐丰富

现代休闲体育项目，不仅需要符合标准的设备，还需要一定的技术才能顺畅地开展。随着我国综合国力不断增强，人民群众的生活水平不断提高，体育休闲公共设施需求进一步增强。随着体育研究的发展，我国体育科学必将进一步提高，休闲体育设备制造和设施建设将获得更好的发展。

（五）节假日增多

我国实行 5 天工作制度，群众在周末有充分时间休息，刺激了消费市场，推动旅游和休闲产业的发展。随着旅游需求的日益旺盛，又推出了五一、清明、端午、国庆、春节等多个节假日小长假。进一步调动我国休闲、体育市场的活力。传统来说，我国人民的消费方式相对单一，如逛商场、游公园等，随着人们认识的逐步提升，健身、娱乐等新型休闲娱乐项目成为人们的新宠。我国体育休闲事业得到了快速的发展。

（六）休闲体育事业不断发展

现代休闲体育在我国的发展，虽然时间较短，但积累了一些符合我国国情的经验，为我国休闲体育事业的发展提供了保障。具体可以从以下几个方面理解。

（1）在休闲体育事业发展的过程中，培养了一批专业人才。他们致力于我国休闲体育事业的发展，成为我国体育休闲事业发展的中流砥柱。

（2）休闲体育设施具有一定规模。目前，我国的大酒店、宾馆都设置专门的休闲体育中心，各大城市的健身场馆、体育休闲服务设施不断增多，这些现象的出现都说明我国体育休闲事业得到了很好的发展。就目前来看，体育休闲基础设施不断完善，我国休闲体育事业正在积蓄实力，迎接更大的发展。

（3）我国有专门体育研究机构，一方面从事体育设备、器材的研发与普及，一方面负责开发符合我国国情的休闲体育项目。北京、上海、广州等大城市，体育休闲娱乐设施建设领先全国，特别是各种公共休闲服务设施能够满足相当一部分人的休闲娱乐需求。

（4）休闲体育行业的管理政策随着经济的发展不断完善，管理的水平逐渐向国际水平看齐，这为体育休闲事业的稳步发展提供了可靠的保障。

（5）部分休闲体育企业已经获得了成功，不仅树立了良好的企业形象，也为从事体育休闲产业的从业人员提供了很好的借鉴。

第三节　体育休闲文化对生活方式的影响

人类需要休闲，使生活和工作更加美好，但人类也需要理论的指导追求明智的休闲。

一、体育融入休闲生活的社会潮流

在大众休闲时代，体育休闲活动逐渐融入人们的生活当中，成为人们生活中不可缺少的一部分，这是当今社会发展的基本趋势。

体育休闲活动融入当前的生活方式，这是当今社会的基本需求，也代表着未来社会的发展方式。尽管从目前来看，我国大部分人的体育活动都集中在学校时期，但随着人们对健康生活认识的逐渐深入，健身、体育、休闲已经成为人们日常生活中的一部分。

由于社会因素的影响和空闲时间的增多，休闲在越来越多的人群当中受到人们的追捧，其形式和内容也在不断拓展。休闲不仅要成为生活的一部分，还要成为生活中的精品部分。

随着人们休闲方式越来越丰富，休闲活动的质量也成为人们关注的重点，人们期望中的休闲活动不仅能够让自身得到生理上的放松，还必须能够得到精神上的享受。杰弗瑞·戈比在他的书中谈道："人要在生命各阶段将思想、身体和精神凝结到体育活动中，并使其成为日常生活和休闲追求的一个内在组成部分。它有利于增强个人对自身价值的感受，有利于加强人们的生活精力与活力，并能最大限度地促使人类发挥生理、情绪和社会潜力。在日常生活中，个人能够从保持身体活跃的过程和经历中获取力量，它增强了我们自己掌握人生的意识，并激发出我们控制自身健康的信心。"

对休闲生活的良好适应，对体育活动的坚持，不仅能够提高个人的身体素质，还可以提升生活的品质。如果我们用词语形容高品质生活，可以概括为享受感、满足感和充实感。从本质上来说，体育活动能够与人们对高品质生活的要求相契合，体育运动超越自我的精神能够让人得到充分的满足感、充实感和享受感。

二、生活方式结构中的休闲活动

（一）休闲活动在生活方式结构中的意义

生活方式是指人们为生存、发展和享受所进行的一切活动。从这个层面来说，休闲作为一种精神享受活动，是人们生活方式重要组成部分。休闲是一种具有倾向性的活动，人们根据自己的精神需求选择相应的休闲活动，是自己价值观、生活态度的一种外在表现。

马克思指出，一个种的全部特性、种的类特性就在于生命活动的性质，而人的类特性恰恰就是自由的自觉的活动。从普遍层面来说，人类生活方式总是包含一些固定的部分。就这些固定部分来说，休闲活动所占的比例与内容是一个人内心活动的最好体现。

规则并不是天然形成的，自从产生为了约束行为而确定的规则，社会结构就发生了根本性的变化。现代社会学家认为，个人是社会要素与自然要素相互作用的产物，社会要素是人类社会存在和发展的基础，自然要素则是人类追求精神自由的内在驱动。正是因为这个原因，人类在社会中扮演的社会角色才能成立。不同的角色拥有不同的经历、不同的价值认识，但无论哪种角色在社会生活中都会遇到压力、挫折等影响身心健康的问题，都会受到社会规则的制约。

人在脱离规则之后，人从自身需求出发进行的活动是符合人类天性的生活方式，也只有在这种状态下人们才能不受各种束缚的影响，得到心灵上的宽慰和精神上的满足。在当前社会条件之下，只有自由地支配自己的闲暇时间，才能在这段时间内放飞精神，调整生存状态。

（二）休闲体育的分类及活动内容

休闲体育有多种分类方法，比如个人活动和集体性的活动，室内活动与室外活动，竞技性与非竞技性活动等。

1．观赏性活动（间接参与）

观赏性活动是以观赏为主要目的而进行的体育活动。在观看比赛或者表演的过程中，人们会对观赏的活动给予不同程度的评价，并通过某种情绪表现出来，比如人们对某些比赛表现出喜悦的情绪。此外，在观赏比赛或者表演的过程中，还可以从中学到一些知识，从中体会到运动的乐趣与魅力，愉悦自己的身心。

2．相对安静状态的活动

相对安静状态的活动主要是从活动的过程角度来描述体育休闲活动的。这类状态的体育休闲活动，大部分都是以脑力对决决定胜负的，比如棋类运动、牌类运动等休闲体育项目。脑力比拼主要考验个人思维能力的强弱，经验、心理素质等要素也会对脑力比拼产生影响。棋牌类的活动不仅有单人项目，也有两人或者多人项目。

3．互动性活动

（1）利用自然运动。是利用自然资源开展休闲互助活动，这种活动一般需要专业人员的参与和指导，比如日光浴、温泉等项目必须依赖开发才能够为人类所用。

（2）互动式活动。这类活动是通过专业人员技术活动来减缓身心疲惫、消除烦躁心绪、减压、调节身心的一种方法。主要方法有推拿按摩、针灸、足浴、理疗等。

4．运动性活动

运动性活动是休闲体育的主体。根据休闲活动运动性的特性通常分为以下几种类型。

（1）眩晕类运动。眩晕类活动必须借助于一定的设备和场地才能实现，这不是一种个人行为，必须有休闲服务提供单位的支持才能顺利进行。娱乐场是小朋友钟爱的娱乐场所。如果没有休闲服务单位组织基础设施建设，承担相关职责，这些休闲项目是无法开展的。

（2）命中类运动。这种运动主要是使用一定的器械，对目标进行投掷或者射击。命中类运动也需要一定的场地和设备才能进行，比如射箭、高尔夫等。

（3）冒险类运动。冒险类运动是一项挑战性很强的休闲活动，从这类活动中人们能够获得强烈的刺激感和满足感。冒险类运动必须在严密的组织和保护之下进行，否则容易发生危险，危害到生命健康，比如蹦极、漂流等。

（4）户外活动。户外运动主要在户外开展，摆脱了固定场地的束缚，其形式和内容比较丰富，但某些运动需要借助一定的器械才能更好地开展。户外运动是人类回归自然的一种方式。常见的户外运动有登山、攀岩等。

（5）技巧类运动。技巧类运动充分开发与利用人类的身体协调性，是借助某些器械完成的活动，比如花式滑板，自行车、摩托越野等项目。

（6）水上、冰雪类运动。水上项目是依托水体开展的运动。常见的水上项目有游泳、潜水、划艇等。冰雪运动局限性较强，只有在特定的场地或者季节才能进行，比如滑冰、滑雪的项目。

（7）球类竞技运动。球类竞技运动主要是指常见的球类运动，可以分为大球项目和小球项目。大球项目包括足球、篮球、排球等运动项目，小球项目包括乒乓球、羽毛球等常规项目。

（8）歌舞类运动。歌舞类运动是指通过形体变化完成的运动项目。常见的项目有健美操、瑜伽、武术等。

休闲体育内容广泛，根据不同的分类标准，可以进行多种分类。但从严格意义上来说，每一种单独的分类方法，并不能将所有的项目都囊括进去。分类的目的主要是让我们更好地认识休闲体育运动，帮助我们系统地总结某些项目的规律和技巧，便于运动项目的开展和推广。

三、休闲体育——健康生活方式的基础

在现代社会，特别是城市工作中，人们的生活发生了很大的变化。人们在工作中付出的脑力劳动越来越多，科技的发展大大提升了人们的工作效率，人们运动的时间越来越长。休闲体育成为当前都市生活中不可缺少的一部分。

我国健康专家将健康的生活方式进行了概括，我们称为"16字秘诀"。

其内容是"合理膳食、适量运动、戒烟戒酒、心理平衡"。简单来说，不符合这 16 字的生活方式都不能说是健康的。概括起来健康的生活应该包括八个要素。

（一）营养

营养是生存的基础。在现代生活中人们可以轻易获取维持生存需求的营养，但要注意营养的均衡，注意饮食健康，通过合理的营养调节来保证健康的身体状态。

（二）运动

坚持运动，合理调控运动量。运动是消耗能量、促进各项身体机能优化的重要手段。健康的生活必须保证合理的运动量，比如每天散步 2 公里，每周 3 次以上有氧运动。

（三）水

水是为维持生命的基本元素。在现代生活中合理安排自己的饮水量，并注意不要饮用生水。

（四）阳光和空气

阳光和空气是一切生物存在的基础。要亲近自然，呼吸新鲜空气，保证合理照射阳光。

（五）节制

控制自己的欲望，不仅包括生理欲望，也包括心理需求的欲望。健康的生活应该合理控制饮食，避免过度娱乐，摒弃不良习惯。

（六）休息

劳逸结合是我们对工作和休闲的基本认识。在日常生活和工作中，要合理安排自己的作息时间，保证充足的休息时间。

体育运动作为一种重要的要素参与到健康生活的评价当中。从这些角度来说，运动是事物不变的特征。人类必须遵循规律，科学对待体育运动，重视体育运动。

科技进步使得人类社会得到了快速的发展，科技催生的生产能力使得社会生活物资丰富，人们休闲时间在日常生活中的比例大幅度提升，如何科学利用这些闲暇时间，提升人们的生活品质是我们必须面对的一个问题。从发达国家的发展历史来看，社会经济发展到一定水平后，人们必须通过休闲活动来排解压力，满足自己的精神需求。从社会发展的角度来说，文明发展程度越高，人们越重视休闲活动，休闲体育作为一种参与性强、内容健康的休闲活动，必然受到人们的青睐。

休闲体育是人们在物质生活丰富后的一种高级消费需求。从当前休闲运动开展的状况来看，休闲体育是所有休闲方式中人们认可度最高的一种休闲方式。随着生活节奏的加快，人们对自己的身体健康越来越关注，休闲体育运动成为人们在快节奏生活中调节身心健康的一种重要手段。

四、休闲体育——矫正不良生活方式的手段

对不良生活方式进行矫正，主要从以下几个方面来进行：

（一）转变观念

思想是人们行为的驱动器，只有从思想上树立彻底改变不良生活的观念，才能从根本上重视健康的生活状态，并从行动上保证目标的实现。思想观念的变化是从科学的认识开始的，在矫正不良生活方式的过程中，需要充分认识到不良生活方式的危害。

（二）掌握方法

科学的方法是打开真理大门的钥匙，在任何事物中，只有方法正确才能取得成功。体育运动的方式很多，选择适合自己的锻炼方式不仅能够激发参与运动的热情，还能够事半功倍地实现计划目标。

如果选择的运动方式不合理，很可能难以实现目标，而且会对身心造成伤害。

（三）养成习惯

养成运动的意识和习惯。意识的培养就是要经常提醒自己起来活动活动，习惯的养成过程需要持之以恒，最好是有计划地每天安排一段时间做运动，要让体育运动逐渐成为日常生活的组成部分。

　　对不良生活方式的矫正，是一个长期的过程。在这一过程中，需要有相关的专业人士进行诊断和指导，避免因方法手段的误选误用而产生副作用，从而影响身体健康。

第二章　对休闲体育服务理论的
深层分析

现代休闲体育企业经营项目的实现，最终要通过服务进行。服务质量的高低，直接关系到经营项目的质量和企业经济效益。科学认识与理解体育休闲服务，理解其与普通商品的差异，明确休闲体育服务的基本礼仪要求，并掌握休闲体育服务的服务技巧，才能更好地服务于享受休闲体育项目的消费者。

第一节　对休闲体育服务的科学认识

一、服务的概念

服务是一种复杂的社会行为。服务是一种非常复杂的社会现象，我们可以从宏观的产业和微观的产品两个角度来理解服务。前者属于第三产业范畴，特别是与制造业相对应的服务产业；后者则主要指与有形物质产品相对应的一种无形产品。1960 年，美国市场营销协会（AMA）将服务定义为"一种经济活动，是消费者从有偿的活动或从所购买的相关商品中得到的利益和满足感"。由于这个定义未区分有形产品与无形服务对顾客"所获"的影响程度，因此美国市场营销协会在 1984 年对其进行了修改："服务是可被区分界定，主要为不可感知，却可使欲望得到满足的活动，而这种活动并不需要与其他产品或服务的出售联系在一起。生产服务可能会或不会需要利用实物，而且即使需要借助某些实物协助生产服务，这些实物的所有权也不涉及转移问题。"要准确把握服务的含义，我们必须首先了解服务的"产出"过程及特点。

（一）服务"产出"的特点

由于服务缺乏外显的物质实体，常常无法通过触摸或视觉感觉到其存在，因此，顾客购买服务后获得的利益往往也很难以一种有形的方式被顾客所觉察，有些在接受服务的当时即能体验到满足和愉悦，有些则需要经过较长时间之后才能感觉到服务商品的利益所在。

（二）独特的服务"投入"

服务的生产投入既有物质资源，也有大量的非物质资源，而且在非物质资源投入中，服务人员或其拥有的能力投入占据了很大部分。对有些服务而言，员工的知识与技能是主要投入，物质资源只起辅助作用。

此外，顾客的参与也已经成为一种潜在的投入。顾客在被服务过程中的参与程度，顾客与服务提供者接触的频率、方式、类型，都会影响服务的产出。

（三）服务的生产"过程"

尽管服务千姿百态，丰富多彩，但究其一般特征，就会发现所有服务过程都是在特定的空间、时间，以特定的互动方式为顾客创造价值的活动。顾客对服务的消费，既包括对服务结果（效用）的消费，又包括对服务过程（体检）的消费。

考虑上述三种因素的作用，我们对服务作以下定义：服务是一种提供时间、空间和形式效用的经济活动、过程和表现，它发生于与相关人员和有形资源的相互作用之中，但不产生所有权转移，直接或间接地使服务的接受者或其拥有的物品形态发生变化。

二、商品与服务的差异

人们在生活中购买的大部分产品由"有形的实物部分"和"无形的非实物部分"共同构成。主要由"有形的实物部分"构成的产品被看作是商品，而主要由"无形的非实物部分"构成的产品被认为是服务。

（一）无形性

服务与商品之间最基本的区别在于服务是一种操作、行为或努力。由于无形性是服务最为显著的特点，故人们常常据此来界定服务。尽管服务无形，但消费者可以体验、品味与觉察。实际上，服务的生产和消费与物质形态资源相关联，诸如休闲体育的空间环境、场地设施等。

（二）同时性

商品是先生产，然后进行销售与消费。但对服务来说，却是先销售，然后提供服务，而生产过程与消费过程同时进行。顾客全程或部分参与服务过程，享受服务价值。在许多情况下，顾客甚至要亲临服务现场，如观看体育比赛、温泉旅游等。而服务人员与顾客深度交融，使服务过程的质量控制纷繁复杂。

（三）异质性

在服务领域，没有两种完全一致的服务。服务的构成内容及其质量水平经常变化，难以统一认定。服务的异质性主要是由于不同个体之间的差异、员工和顾客之间的相互作用以及伴随这一过程的所有变化因素所致。

（四）易逝性

服务的生产与消费的同时性特征，使得服务无法在消费之前生产与储存，这就是服务的易逝性。因此，相对体育设施而言，使用过的体育设施，并不因消费者对它的使用而消失，它还继续存在。而体育服务却不同，服务结束的同时，服务产品也消失了，并不能像设施一样保存下来。

三、休闲体育服务

（一）休闲体育服务

休闲体育是人们追求娱乐健康、个性充分发展等所进行的体育活动。为人们休闲体育活动营造场景、提供便利与帮助的各种行为与活动，便是休闲体育服务。提供休闲体育服务的机构，便是休闲体育组织。从过程来看，休闲体育服务是休闲体育服务组织将其体育场地空间设施、器材用品及服务人员转化为服务产品的过程。体育场地空间设施、器材用品等有形服务资源既是构筑和营造服务场景的道具，又是进行服务转化的资源物质。

（二）休闲体育服务的原则

1. 方便服务对象原则

任何一项服务，首先要考虑满足服务对象的各种需求。服务对象消费服务项目，乐趣在项目活动上。如果在使用项目前后需要进行繁杂的手续，虽然方便了经营单位，但会让服务对象反感。因此，要设计合理的办理手续的程序，尽量减少服务对象的等待时间。

2．高效原则

在方便服务对象的同时，还要减少服务人员的不必要的程序，体现高效率的效果，从而提高休闲体育服务质量，减少劳动力的成本。

3．便于监督原则

休闲体育服务的项目较多，环节也较多，要在保证方便服务对象和减少程序的同时，使各个环节相互监督，便于控制。否则，既会影响休闲体育企业或中心的经济和形象，又不利于考核服务人员的绩效。

4．便于电脑运用原则

休闲体育作为一种现代化产物，不仅设备、环境要求现代化，服务、经营也需要现代化。

其主要手段就是电脑在休闲体育服务中的应用。休闲体育经营服务流程各个环节的各种数据、信息沟通、数据汇总等，都可以通过电脑完成。

（三）休闲体育服务的准备

1．明确本企业或中心的经营项目与特点

设计服务流程前，需要明确本企业或中心的各项经营项目、同一经营项目的消费档次等，根据这些情况，具体考虑每个服务项目的流程。例如，某中心推行会员制或贵宾卡，服务对象每次消费固定项目，都配有免费供应的固定品种和数量的饮料，那么，消费固定项目与饮料只需要签一次字就可完成。

休闲体育企业或中心有些项目设施距离较远，例如，吧台提供饮料距离客人使用有一定距离，或者因为吧台面积较小，提供冷饮的能力有限，就可以在其他服务项目现场提供小冷柜，事先放入少量各种饮料。如果服务项目是单向形式，只要最后一次记账即可。

2．设计多种服务流程方案

这项工作可在调查其他休闲体育企业或中心的基础上进行，召集有关专家提出自己的想法，对不切实际的想法予以否定，将可行的方案进行总

结分析，提出一组可行的流程方案。

例如，方案一，服务对象到中心，由接待员登记，然后引领服务对象到需要的项目处。服务对象在使用时，由项目服务员记录项目使用情况，将账单送至总收银台。方案二，前部分流程同方案一，后部分不同之处是各个项目处分别设收银人员。

将各个设计流程方案分别做评估，选择最合乎本企业或中心实际的又不违反设计原则的方案，再进行优化，产生最可行的流程。

3. 设计不同的手续制度

服务对象在消费同一项或多个项目时，会有多种形式，应根据不同形式采取不同的手续制度。例如，零散单项消费、零散多项消费、会员消费、零散优惠消费、团体消费、不同付款方式的消费等，各种消费形式在某些环节有所区别，需要设计不同的手续制度。

4. 设计科学的表格

服务流程产生的经济效益，体现在财务上主要是表格形式。表格设计得是否合理，关系到经营效果的好坏。设计各种表格时，既要方便服务流程，又要为财务提供信息，满足这两个条件才能够作为有效的表格运用到体育服务流程过程当中。

5. 模拟实施服务流程

流程和表格设计好后，可以让一部分服务人员扮成服务对象，模拟实施服务流程，然后对比分析流程的利弊，优化服务流程，以此完成一个服务流程设计的循环。

最后，需要强调的是，一个优秀的服务流程不是永恒不变的，需要根据环境的变化、服务对象的要求等因素进行调整。

第二节　休闲体育服务及服务过程中的具体要求

休闲体育服务人员塑造个人礼仪形象在服务工作中具有重要意义。普及和推广服务礼仪，不仅有助于提高服务人员的个人素质，进一步提高服务水平和服务质量，更好地满足服务对象的需求，还有利于维护服务单位的整体形象，创造更多的经济和社会效益。因此，休闲体育服务行业的人员需要了解、掌握和遵守服务礼仪的规范要求。具体而言，服务人员应当掌握有关仪容、服饰、仪态等方面的规范，做到仪容美、服饰美、仪态美，营造温馨、和谐的活动氛围。

一、仪容

所谓仪容，就是指服务人员的外表和容貌，是服务人员精神面貌的外在表现。好的仪容能体现出服务人员的内在素质和外在形象。它是先天的自然"美"与后天的修饰"美"的统一。

首先，服务人员的自然"美"指容貌、形体、姿态等优美。服务人员五官端正、体格健美、身段协调等，是选择服务人员的基本条件。

其次，服务人员的修饰"美"指服饰穿着得体、面容修饰恰当、外形设计整洁等。穿衣正式、化妆适当、整体美观等，是需要服务人员注意的。为了给顾客留下美好的形象，仅天生丽质是不够的，也需要注意修饰自己的外表。

同时，休闲体育服务人员应该向服务对象展示体育运动的魅力，以及向服务对象宣传体育运动带来的健与美。当然，服务人员也不必过分注重仪容，做到清洁、自然、健康就行。

二、服饰

所谓服饰是指帽、巾、衣、裤、鞋、袜、首饰、箱包以及各种配件、装饰品等。为了体现出对服务对象的尊重和塑造形象，作为服务人员来说，其服饰往往有一定的要求，他们应该穿戴符合职业特点和运动要求的服饰。

合格的休闲体育人员的服饰，不是要求其服装多么华丽和有个性，饰品多么出众和精致，而是需要得体和适宜，这样能够适应工作的需要、塑造职业形象、展现个人素质等。休闲体育服务人员的服饰，应当体现出休闲体育运动的特点：方便耐用和适当，还应注意整洁和雅观。有些服务人员可能不进行体育活动，如果需要，可少量佩戴饰品，但是仍然要注意：不宜佩戴工艺饰品和珠宝，若要佩戴应协调。

三、仪态

所谓仪态是指服务人员的身体所呈现出来的姿势，也就是身体的具体造型。仪态有动和静之分。对于休闲体育服务人员来说，不仅要注重自身的仪态，还要通过观察服务对象的仪态揣摩服务对象的心理。

由于休闲体育服务工作自身的性质，在服务过程中，服务人员应在站、坐、行、手势和表情等方面严格注意，务必重视体态语的正确使用。

（一）站立

服务人员用得比较多的就是站立，具体来说有站姿或立姿。站立姿势是全部仪态的基本点。基本的站姿：从正面看，应头正、肩平、身直；从侧面看，应含颌、挺胸、收腹、直腿。学会了基本姿势之后，不同性别的服务人员还有不同的性别特点，在遵照基本姿势的基础上，还应该有些许变化。男性站立时，将双手相握，叠放于腹前，抑或是相握于身后；两脚可以叉开，与肩同宽。女性站立时，将双手相握或叠放于腹前；双脚以一条腿为重心，稍许叉开。

站姿主要有三种。叉手站姿：双手交叉于腹部前面，右手搭在左手上直立；男性可以双脚略分开，女性可以使用小丁字步。背手站姿：双手背于身后交叉，右手贴在左手外面，位于臀部中间；两脚可以呈大约60°夹角分开，与肩同宽，脚尖展开。背垂手立站姿：多见于男性服务人员，一手自然下垂，中指对准裤缝；一手背于身后、贴在臀部；双脚既可以分开，亦可以合拢，或使用小丁字步。

（二）坐姿

应当明确，工作中允许自己采用坐姿时，才可以坐下。在入座之后，尤其是在消费者面前坐下时，务必要采用正确的坐姿。

正确的坐姿包括以下两点：上身与大腿、大腿与小腿都呈直角，小腿垂直于地面；双膝、双脚包括两脚的跟部都要完全并拢。在性别上也有不同要求。男性可分开双膝，但不应过肩宽；女性可将双腿上下交叠，交叠后两腿之间没有任何缝隙，也可两腿并拢斜放。

另外，在入座和离座时也有相应的要求。入座，也就是落座，它要求服务人员在服务对象之后入座，在适当的位置入座，从座位左侧入座，要没有声息地入座，以背部接近座椅，坐下后调整体位等。离座，也就是服务人员起身离去，它要求先要表示，然后缓缓起身，站好再走，从左侧离开等。

（三）行进

所谓行进姿势，又称作行姿或走姿，指的是服务人员在行走时所采取的具体姿势。服务人员既要体现优雅、稳重，又要保持节奏、步幅，展现出动态美感。要求是：身体协调、造型优美、重心放准、步幅适度（与一只脚的长度相近）、步速均匀（每分钟 60～100 步）、方向明确等。

（四）手势

手势是指服务人员在运用手臂时，所表现出的具体动作与体位。手势的规范主要体现在：递接物品，服务人员主动上前、双手递接。将有文字的物品交给服务对象时，还应使物品正面面对对方；将带尖、刃或其他易伤人的物品递给服务对象时，不能将尖、刃直指对方。

1. 展示物品

服务人员要将展示物品正面面对服务对象，举至一定的高度，当四周都有观众时，展示物还应变换角度。在口头介绍的时候，要口齿清楚、语速舒缓；在动手操作的时候，要手法利索、速度适宜，并进行必要的重复。

2. 举手致意

服务人员应全身直立、面对对方，上身与头部要朝向服务对象，手臂上伸、掌心向外。

3. 招呼别人

在招呼别人时要礼貌，服务人员使用手掌，不能仅使用手指；且掌心向上，不宜掌心向下。

（五）表情

所谓表情是指服务人员或服务对象面部所呈现出来的具体形态。服务人员的表情应当遵循谦恭、友好、诚意的原则，并恰当地运用好眼神和笑容。另外，观察服务对象的表情神态时，服务人员往往以其面部为主要的着眼点。

四、语言

语言是人类所特有的用来表达思想、交流情感、沟通信息的工具。服务人员在选择和使用语言时，要表现出良好的文化修养和职业素质，准确地运用文明、高雅、恰当和标准的语言，主要包括：礼貌用语、文明用语和行业用语。

之所以要求服务人员使用礼貌用语，主要是为了向服务对象表现出自谦、恭敬之意。根据使用场合的不同，服务人员常用的礼貌用语一般可划分为问候语、迎送语、请托语、征询语、应答语、赞赏语、道歉语等七种。

礼貌用语要求服务人员在使用语言时必须讲究文明、注意修养。这些都需要服务人员在理论上和实践中不断地"修行"才能实现，如称呼恰当、用词文雅、口齿清晰等，使用普通话且语速正常（每分钟 60～80字为宜）。

休闲体育行业用语是用来说明活动专业性、技术性问题的用语。在休闲体育服务过程中，服务人员需要向服务对象介绍服务项目、技术要领、操作规范、注意事项等，因此，行业用语在服务过程中是必不可少的。在使用行业用语时，服务人员应把握好适度原则，做到以下两点：实事求是和解释清楚。

上述介绍了服务人员的个人礼仪规范，在服务工作中，还应按照相应的岗位礼仪规范自己。由于岗位的特点，服务礼仪规范应当遵循文明服务、礼貌服务、优质服务的标准。按休闲体育服务过程中的阶段划分，将休闲体育岗位服务规范分为：上岗前准备规范，岗位服务礼仪规范，离岗前工作规范。

岗位服务礼仪规范主要包括态度、专业知识、专业技术三部分。具体来说，对待服务对象的态度应表现出主动、热情、耐心、周到等；还应熟悉休闲体育项目的一般知识，掌握项目的基本技术。因此，休闲体育岗位服务礼仪规范的特点是：具备身体素质和专业技术、熟悉器械设备、展现判断能力、设计合理的计划、提供满意的服务等。

（一）上岗前准备阶段

上岗前的准备工作是指正式接待服务对象之前，服务人员所做的必要的筹划或安排，其目的是保证后续服务工作有条不紊地进行。

1. 自身准备

服务人员上岗之前的自身准备是岗前准备工作的开始，包括精神饱满、情绪稳定、干净整洁、提前到岗等。

2．环境准备

能够保证环境的舒适是保证服务质量的基本条件。因此，服务人员在进行岗前环境准备时，首先应该从规范健身场所的环境开始，具体做法如下：清理场地和器材、放置告示牌、场地器械布局安全合理等。

3．工作准备

服务人员到达工作单位后，正式上岗之前，为更好地开展工作，应进行各种相关工作的准备，如更换服装，检查场地、器材，准备用品，查阅交接班记录等。

（二）岗位服务礼仪阶段

在工作岗位上，对于休闲体育服务人员来讲，分接待、服务和送别三个连续环节。

1．接待服务对象

服务对象去休闲体育场所主要是为了放松身心。因此，服务人员在接待他们时，既要保证服务态度，又要注意言谈举止，更要讲究接待方法。做到热情迎客、主动询问、选定项目、制订计划等。

2．服务顾客

服务顾客是正式为服务对象服务的阶段，这也是最为关键的一个环节。服务因项目的不同，其内容和形式也不尽相同。娱乐类项目只需做一些服务性工作即可；健身类项目多需示范、讲解和帮助；有难度类项目，不仅需要讲解、示范、保护、帮助，还需要一定的技术指导。为服务对象办理相关手续，提醒服务对象更换服装、准备器材、佩戴保护装备等，为活动做好准备。服务人员应该熟记负责项目的主要特点和基础知识，并培养一定的对服务对象的预判能力。

3．送别服务对象

在服务对象离去之际，服务人员应主动帮助其收拾物品和器具，并提醒服务对象是否遗漏物件品，同时感谢服务对象的光临。具体细节是：道别，看见服务对象准备结束练习离去时，服务人员应立即上前询问、道别，帮助服务对象做好整理工作；检查器械设备，如发现损坏问题，应礼貌地向服务对象询问情况，并及时按有关规定处理；征询意见，服务人员应主动征询意见，了解服务对象是否还需其他服务；整理场地，准备迎接下一批服务对象。

（三）离岗前工作阶段

为顾客服务之后，整个服务并没有结束，还需要善始善终，这是高质量服务工作的保证。离岗前的工作包括整理场地器材和交接班两个主要环节。整理自己负责的活动场所，器具摆放整齐到位，逐个检查设备并登记；清洁活动场所、设备，进行常规保养工作；写好值班日志，送交部门负责人签字；做好场地、设备的安全检查，如切断电源等。

五、优质服务

服务的目标就是向顾客提供最佳的服务。随着休闲体育业的飞速发展和人民生活水平日益提高，顾客对服务的要求也越来越高。除了满足顾客的物质需要外，还必须满足顾客的心理需求，需要向服务对象提供优质的服务。

（一）优质服务概述

所谓优质服务是指服务对象所受的服务的满意度超过了其期望值，即以顾客为核心，以质量和效率为保障，为每位顾客提供及时、准确、周到、完善的服务。期望值是指服务对象希望所受服务应该达到的水平，因人、因事、因地和因时不同而不同；满意度是指服务对象对所受服务的满意程度。优质服务具体内容包括如下方面。

1. 良好的服务礼仪

注重礼仪是休闲体育服务工作最重要的职业基本功之一，它体现了对顾客的基本态度，也反映了休闲体育服务人员的文化修养。

（1）外表。外表是顾客对服务人员的第一印象，服务过程中必须衣冠整齐，仪容仪表适当，从而赢得顾客的好印象。

（2）语言。讲究语言艺术，谈吐文雅，应对自然得体。不能与顾客胡乱攀谈，给顾客留下不好的印象。

（3）行动。举止文明，不卑不亢，真诚自然，从内心发出微笑为顾客服务，让顾客感受到服务的诚意。

2. 优良的服务态度

服务人员的良好服务态度，会使服务对象产生亲切感。要做到：认真负责、积极主动、热情耐心、细致周到、文明礼貌等。在服务过程中坚决杜绝敷衍、搪塞、厌烦、傲慢等不良态度。

3. 丰富的服务知识

休闲体育服务知识涉及很多方面，如语言知识、社交知识、法律知识、心理学知识、服务技术知识、管理经营知识、生活常识等。只有储备了较为丰富的服务知识，服务人员才能很好地应答各种问题。

4. 娴熟的服务技能

它是决定服务水平的基础，包括服务技术和服务技巧两个方面。

（1）服务技术。指各种服务操作等，例如前台员工的登记入住，服务人员的接待、对器械的使用和维护等。

（2）服务技巧。休闲体育服务最大的特点就是面对人，规程只能作为服务指南，却不能提供判断某种服务方式对错的绝对标准。因此，服务技巧十分重要。不管采用哪种合理的方式，只要能够使顾客满意就是成功了。

5. 快捷的服务效率

服务效率是指为服务对象提供服务的时限。休闲体育服务中容易引起服务对象投诉的一个是服务态度，另一个就是服务效率。讲究效率不等于瞎忙活，要力求服务迅速而准确无误。这可以体现出服务人员的业务素质和休闲体育部的管理效率。

6. 齐全的服务项目

休闲体育服务项目的设置，要尽可能适应和满足服务对象的需要。项目设置既要考虑得细致周到，又要考虑到顾客便利。

7. 灵活的服务方式

灵活的服务方式是指健身房在热情、周到地为顾客服务时所采取的比较灵活的形式和方法，其核心内容就是如何给顾客提供各种便利。

8. 科学的服务程序

休闲体育服务程序是指接待服务的先后顺序和步骤。它看起来无关紧要，但实际上是构成休闲体育服务质量的重要内容之一。

9．完善的服务设施

要保证所有的休闲体育设施科学、合理地满足服务对象的需求，并且处于良好的运行状况，使顾客感到舒适和愉快。

10．可靠的安全保障

保证服务对象生命财产的安全是服务质量最重要的一环。如果不能保证服务对象安全，不仅无法得到顾客的信任，对自身的发展也十分不利。

11．优雅的服务环境

除了要有一种使顾客感到舒适的气氛外，还要给顾客创造一种清洁安静的环境，让顾客感受到服务的品质。

（二）优质服务的特征

一般来说，优质服务＝规范化服务＋个性化服务。

规范化服务也指标准化服务，它可以满足大多数服务对象的要求。个性化服务包括如下几种。

1．情感服务

情感服务是一种用真诚的服务打动顾客的一种方法。服务人员在为服务对象提供服务的过程中要倾注情感，真正为顾客考虑。

2．特色服务

特色服务是指向服务对象提供具有本企业特点的服务内容和行为。特色服务的开展不仅能够增加顾客的满意度，还能够有效树立自己的品牌形象。

3．超常服务

在尽量满足服务对象的一切正当需求原则的基础上向服务对象提供超过常规的服务标准和服务范围的服务。

（三）优质服务的提供

需要量化服务对象的期望值，制定出令服务对象满意的服务标准，然后在此基础上制定出与之相应的服务程序与服务规范。

1．制定服务标准、服务程序和服务规范

（1）制定服务制度。由经理或主管起草，然后向有经验的员工和顾客

征询意见，反复修改之后再公布实施，力求详尽。

（2）实施服务制度。对员工进行培训，使员工掌握服务标准。管理部门还应检查员工的执行情况，并与员工的薪酬挂钩。

2. 选择合适的评定服务质量标准

（1）服务质量的供方自己评定。对提供的服务过程进行监督、检查和控制，对服务的关键环节进行定性和定量的分析，接着对结果进行验证。可分为管理人员的评定和服务人员的评定两个部分。

（2）服务质量的需方评定。管理人员和服务人员应积极主动引导服务对象对服务质量进行评价，高度重视评价结果，认真分析和整理，对非优质服务提出改进的策略和对优质服务寻找维持的方法。

3. 改进非优质服务

不仅非优质服务需要改进，即便是优质的服务也需要不断革新。应识别和记录不合格的服务，分析原因，采取措施。

六、服务标准

（一）一般性服务标准

1. 岗前准备工作

上岗前应先做自我检查，做到仪容、仪表端庄、整洁，符合要求；检查各种器械设备是否完好，锁扣和传动等装置是否安全可靠；精神饱满地做好迎客准备。

2. 迎宾

面带微笑，主动迎接问候顾客，并请顾客填写登记表；向顾客发放钥匙和毛巾，将顾客引领到更衣室。

3. 服务

（1）顾客更衣完毕，服务人员主动迎候，征询顾客要求，介绍各种休闲体育活动项目，主动讲解要领、做示范。

（2）细心观察场内情况，及时提醒顾客应注意的事项。当顾客变更运动姿势或加大运动量时，服务人员应先检查锁扣是否已插牢，必要时需为顾客换挡。

（3）对不熟悉器械设备的顾客，服务人员要热诚服务、耐心指导，必要时做示范。

（4）如顾客需要，在其活动时可播放符合其节奏的音乐。运动间隙，服务人员要主动递上毛巾，并为其提供饮料服务。

（5）顾客更衣完毕，应主动征求顾客意见，并及时汇报给领班。

（6）如顾客希望做长期、系列的休闲体育活动，服务人员可按照顾客的要求为其制订活动计划，并为顾客做好每次活动记录。

（7）当顾客示意结账时，服务人员要主动上前将账单递给顾客。

（8）顾客离别时，要主动提醒顾客不要忘记随身物品。

4．送别顾客

送顾客至门口，并礼貌道别；及时清扫场地，并整理物品；将使用过的毛巾送洗衣房更换新毛巾，放入消毒箱消毒，做好再次迎客的准备。

（二）预订的服务标准

要用规范的语言主动、热情接待顾客预订。顾客用电话预订时，铃响三声内接听；如果工作繁忙，应请顾客稍候；准确记录顾客姓名、使用时间，并清楚复述，取得顾客确认。对已确认的顾客预订，要通知有关服务人员提前做好安排。

（三）安全服务的标准

休闲体育场所必须配备急救药箱、氧气袋及急救药品等。顾客有身体不适现象，应及时照顾，并采取有效措施；顾客如发生碰伤，应及时提供急救药品，照顾周到。活动后器械设备位置"归零"。

第三节　休闲体育服务的相关技巧解析

除了一些基本理论知识和素质外，作为一名合格的休闲体育服务人员，应该具备哪些必要的职业技能才能为服务对象提供优质的服务？其中就包括良好的观察顾客的技能、引导顾客的技巧、解决纠纷的技巧和处置突发事件的技能等。服务人员只有刻苦努力学习，并熟练掌握这些专业技能技巧，才会令顾客感到宾至如归，并使顾客逐渐有一种"顾客就是上帝"的感觉。

一、观察和引导技巧

（一）观察技能

观察顾客是服务人员在服务工作中必须掌握的一项技能。实际上就是"察言观色"。服务人员通过察其意、观其身、听其言、看其行，对服务对象进行准确的角色定制，以求把服务工作做好、做活。

一般来说，顾客初次来到休闲体育服务场所，并不一定有消费的欲望，通常也是"货比三家"，只有经历观看、思考、了解、比较、挑选等一系列的过程才会下决心。如果服务人员能够恰到好处地见机行事，可以促使对方决策。

对于休闲体育服务人员来说，要把握好对潜在顾客的观察和正在健身顾客的观察。在休闲体育场所，往往有一些顾客只是来此观看，并没有强烈的休闲消费欲望，但他们是一个很好的待挖掘的潜在群体。服务人员可以观察潜在顾客的打扮、举止谈吐和对该项休闲体育项目的关注程度，不失时机地向其介绍该项休闲体育项目的活动特点和对身心健康的作用，使潜在顾客产生消费欲望，进而将其转化为进行消费的顾客。

对于正在健身的顾客，要注意其在健身过程中的动作、身体形态和眼神等。如果看到服务对象运动自如，使用器械很熟练，则不必对其关注太多，可以把注意力投向初学乍练的服务对象上。因为，后者通常表现为动作不流畅、不连贯，对器械的使用不规范、不熟练，这时需要服务人员适时提供服务和进行指导，这样既保证了服务对象的人身安全，又保护了健身器械。

（二）引导技巧

1. 运动前引导

运动前引导，是指在服务对象进行身体活动前，向其简明扼要地介绍活动项目的特点、过程、环节和体育场地设施、器件性能以及一般操作方法等。这是休闲体育服务人员必须掌握和熟悉的重要环节。引导过程中，既不能盲目地认为服务对象都已了解，而不仔细介绍；也不能滔滔不绝地介绍不停，令服务对象产生不耐烦情绪。

服务人员首先向服务对象讲明介绍的时间不会太长，但是对于大家的安全却十分重要。这样有助于服务对象耐心倾听服务人员的介绍，从而有效避免运动中意外情况的出现。

2．运动中引导

在服务对象进行休闲体育活动时，通常会出现错误操作器械或者进行不适合自身能力的动作，如果服务人员不及时引导，服务对象会感到人身安全受到威胁，或者导致伤害事故发生。在运动中进行引导要注意以下两点。

（1）使用请求式语句。请求式语句可分成三种说法，如肯定句："请您注意爱护运动器械"；疑问句："为了您的健康和安全，请保护好运动器械，好吗？"否定疑问句："这样操作运动器械会给您带来伤害，您不需要调整一下吗？"其中，疑问句要比肯定句更起作用，特别是否定疑问句，还能体现出服务人员对顾客的尊重。

（2）使用肯定句。不可乱用肯定句与否定句，但如果运用得好，肯定句可以代替否定句，且效果更佳。如进行健美活动的顾客说："能给我的杠铃再加些重量吗？"服务人员回答："不行，这个重量您承受不了。"这就是否定句，顾客听到这话，可能会说："没事，你就加吧。"这个时候服务对象和服务人员之间容易产生矛盾。如果服务人员换个方式，服务对象可能不会有抵触的反应。比如服务人员可以说："您现在所举的重量正合适，如果再增加重量，反而影响您的健身效果。推举是过程，健身才是目的，您觉得呢？"

二、解决纠纷技巧

在服务工作中，服务对象是人，每天要和很多人打交道，因此难免会发生一些矛盾，甚至由于处理不慎而引发冲突。尽管这只是偶发现象，但是却会给当事人带来不快，影响服务的质量。这类现象如果发生，服务人员及其所在部门都应高度重视，并正确处理，以免事态扩大。

服务纠纷指的是在服务过程中，发生在服务人员与服务对象二者之间的争执、矛盾或冲突。服务部门与服务人员要事先对纠纷进行积极预防，力争减少到最低程度。还要及时发现纠纷，及时制止纠纷，并且妥善调解。在处理服务纠纷时，服务部门与服务人员应做到以下几方面。

（一）严于律己

服务部门与服务人员应当对自己严格要求，按照服务工作的有关岗位规范对待服务对象。

1. 热情

服务人员在服务过程中一定要充满热情，并且尽量使之适当地表现出来。在服务行业内，有句行话是"接一顾二招呼三"。也就是当顾客蜂拥而至，服务人员应接不暇时，要尽量照顾一下周围等待的顾客。即在接待第一位顾客时，口头上可以去照顾第二位顾客，同时还应当以自己的眼神去招呼第三位顾客。

2. 礼貌

服务人员要对服务对象进行规范化服务，时时处处以礼相待；还要严守有关的服务规定，杜绝不良表现。因此，服务过程中服务人员应该做到如下几点：不得吸烟、吃喝；不得闲聊、打闹、喧哗；不得看书、看报、看电视、收听广播或录音机；不得约会私人顾客；不得不理不睬顾客；不得怠慢顾客；不得顶撞顾客；不得擅离职守；不得迟到早退；不得私自兜售私人或外单位的商品和服务。

3. 耐心

服务人员在接待顾客时，不能急躁，应始终保持热情与礼貌。

（1）有问必答。在接受服务之前，顾客希望对其进一步了解，他们有可能会向服务人员提出这样或那样的问题。这时，服务人员要有耐心，认真回答顾客的每一个问题。

（2）百问不厌。在服务人员进行服务的过程中，可能遇到顾客对同样一个问题一问再问，几位顾客同时发问，或是连连发问。在这些情况下，要求服务人员能够做到不厌其烦，直至顾客满意为止。

（3）百挑不烦。在选用运动器械时，一些顾客往往会反复比较，更有甚者还会表现出吹毛求疵。对于顾客的正当要求，服务人员应当予以满足，不能嫌麻烦，不去管；或者只给顾客一种选择，对方再要便不耐烦。不仅不能这样，即使是催促顾客，也是不允许的。

耐心服务与其说是一种能力，不如说是一种态度。在面对过分挑剔、胡搅蛮缠和蛮横无理的顾客时，服务人员要保持风度。这就要求服务人员注意下列三条。

（1）保持冷静。在面对过分挑剔的顾客时，服务人员需要保持冷静，既要坚持优质服务，又要坚持原则问题。

（2）理直气和。遇到顾客顶撞自己或出言不逊时，服务人员仍需平心静气、礼让三分，切勿与顾客发生矛盾。

（3）以静制动。假如服务人员与顾客发生了争执，或顾客无理取闹时，服务人员尽量避免与顾客针锋相对，应一如既往地对其以礼相待。

（二）宽以待人

对属于自己的不足或严重缺陷，要勇于承认和纠正，必要时还需及时向顾客公开道歉；对于属于顾客的原因引起的纠纷，服务人员要宽容忍让。无论如何都不允许向顾客借故发难、蛮不讲理、再三苛求，或者拒绝承认错误和承担责任。在处理服务纠纷时，要求服务人员宽以待人。具体来讲包括以下几个方面。

1．认真面对

在人与人交流和交往过程中，会出现矛盾。服务过程亦是如此。服务人员一方面要竭尽全力预防矛盾的出现；另一方面一旦矛盾出现，要认真面对，合理解决，切勿使事态升级。

2．正确对待

（1）主动谦让。当纠纷出现时，服务人员如能及时对顾客进行适当的谦让，往往会使将要发生的冲突得以扭转。服务人员可以说"很对不起，是我做得不好""请原谅，是我态度的问题""很抱歉，让您久等了"等等。

（2）宽宏大量。对于顾客的一些可忽视的过失，服务人员一般不必追究。这样可以大大降低双方发生正面冲突的概率。

（3）转移视线。面对得理不让人的顾客或是矫情的顾客，服务人员较为明智的做法是在做出适当的解释说明或是道歉后，转而进行其他的正常工作。

3．积极处理

在处理服务纠纷时，服务人员应在指导思想、临场表现、处理方法等方面，认真遵守相关的规范。

（1）在指导思想方面认真遵守相关的规范。

①"顾客总是对的"。任何情况下顾客都是对的，这是服务礼仪的一项基本规则。如遇顾客行为过激，要注意控制自己的情绪。

②时时处处礼让。有关人员在具体处理服务纠纷时，一定要自始至终，不分对象、不看对方态度，对其始终以礼相待。

③尽快妥善处理。不论从哪一个角度来看，服务纠纷一旦出现，对服务单位都是不利的。在处理服务纠纷时，除了要注意及时外，还必须采用行之有效的妥善方法。

（2）在临场表现方面认真遵守相关的规范。

①友善对待。当顾客提出批评或进行投诉时，不论方式和方法是否正确，都应视其为对服务部门和服务人员的监督、关心与激励。因此，应明确表示欢迎批评，友善对待对方的投诉。

②有效沟通。服务人员既要了解顾客的本意，又要使顾客明白对其意见或建议的重视以及处理纠纷的态度。

③满足要求。服务人员在处理服务纠纷时，要主动了解顾客的合理诉求，并尽可能地满足。

④保持克制。极少数顾客在服务纠纷发生时，对服务人员进行侮辱，或者以投诉和向媒体曝光作为要挟，服务人员要尽量保持自我克制。

（3）在处理方法方面认真遵守相关的规范。

①当场处理。当场处理也称"面对面的处理"。能够第一时间对分歧进行协商解决，是处理服务纠纷最理想的模式。

②事后处理。事后处理也称"背对背的处理"。事后处理应有时间限定，并且要做到言出必行，保证自己的信誉。

③仲裁处理。仲裁处理通常由消费者协会作出仲裁。仲裁处理是一种有效维护合法权利的手段，具有一定的权威性。

④法庭处理。法律是一种具有强制力的武器。对难以用上述方式解决的服务纠纷，可以诉诸法律手段。

三、处理突发事件技能

古人云："天有不测风云。"在休闲体育活动场所，有时可能会发生一些突发事件。如果对突发事件处置不当、不及时，会危及顾客的生命、财产安全，还会造成经济损失和破坏企业形象。无论遇到什么样的突发事件，服务人员都应当遇事不乱、当机立断。

（一）突然停电

当遇到突然停电时，服务人员应首先让顾客保持镇定，切不可慌乱和盲目走动，以免摔伤或者碰伤，并立即拨打电话通知维修部门尽快检修，恢复电力。有应急灯时，服务人员要告知顾客不要慌张，马上启动应急照明；并组织顾客按照指示标识，找到安全出口，有序撤离。没有应急灯时，服务人员首先要稳定顾客情绪，不要发生骚乱；拿出备用手电筒，照明安全出路，让顾客撤离。

（二）顾客突发疾病或受到意外伤害

当顾客突发疾病或受到意外伤害时，应首先拨打急救电话120，再根据顾客的情况采取有针对性的措施。

1. 心脏病突发

服务人员应保持患者的安静和舒适，并揭开颈部、胸部和腰部较紧的衣服。假如患者神志丧失，需将其保持恢复性体位；还应使顾客保持温暖，有需要时可将毛毯或衣物盖在其身上，用凉的湿毛巾敷在前额上。需要注意的是，不能摇晃或用凉水泼洒顾客试图弄醒他，不可让其进食和饮水。

2. 中暑

服务人员应迅速将顾客转移至凉快的地方，让顾客躺下，解开其衣服；用冷水毛巾擦身，或边用酒精擦身边用口吹，促使酒精挥发散热。顾客若想喝水，服务人员可以给其喝凉开水或盐水。如果顾客是重症中暑，并出现抽搐，服务人员应马上叫救护车送往医院求治，不可耽误时机。

3. 肌肉、韧带、关节拉伤

由于服务对象的训练水平不够，柔韧、力量、协调性较差，准备活动不充分，抑或是由于场地器材不好、温湿度不佳、服务人员专业水平不够等原因，导致顾客肌肉韧带关节拉伤，应该停止运动，采用冷敷、抬高受伤部位等方式处理。

（三）火灾

当遇到火灾时，服务人员应首先打电话报火警，然后采取措施组织顾客有序撤离现场。

1. 利用疏散通道逃生

火灾发生后，特别是在初起阶段，应选择室内楼梯、室外楼梯、自动扶梯、消防电梯等疏散通道逃生，并且尽量靠近承重墙或承重构件部位，以防坠物砸伤。

2. 利用自制器材逃生

服务人员要帮助顾客及时采取可逃生的方法，如将毛巾、口罩、纺织品等浸湿后捂住口、鼻，并利用绳索、布匹、床单、地毯、窗帘、皮带、消防水带、电缆线等开辟逃生通道。

3. 利用建筑物逃生

如果上述两种方法都无法逃生时，可利用落水管、房屋内外的突出部位、各种门窗以及建筑物的避雷网（线）等进行逃生或转移到安全区域再寻找机会逃生。

4. 寻找避难处所逃生

无路可逃时，应积极寻找避难处所，如在室外阳台、楼房平顶处等待救援；选择火势、烟雾难以蔓延的房间，关好门窗，堵塞间隙。房间如果有水源，要立刻将门、窗和各种可燃物浇湿，以阻止或减缓火势和烟雾的蔓延，并不断发出各种呼救信号，以引起救援人员的注意。帮助自己脱离困境必须坚持"三要""三救""三不"的原则。"三要"：要熟悉自己住所的环境；要遇事保持沉着冷静；要警惕烟毒的侵害。"三救"：选择逃生通道自救；结绳下滑自救；向外界求救。"三不"：不乘普通电梯；不轻易跳楼；不贪恋财物。

（四）地震

地震发生时就近避震，震后迅速撤离到安全地方，这是应急避震较好的方法。

组织顾客选择室内结实、能掩护身体的、易于形成三角空间的地方，开间小、有支撑的地方，室外开阔、安全的地方避震。

劝诫顾客不能选择跳楼，不要站到窗边和阳台上；还应避开吊灯、电扇等悬挂物，保护好头部。震后，听从工作人员的指挥，有组织地撤离，千万不可争先恐后下楼，切勿进入电梯间。

地震发生时，服务人员应立即切断电源，不要使用明火，以免发生更大的连带灾害。

（五）溺水

溺水是由于大量的水灌入肺内，或冷水刺激引起喉痉挛，造成窒息或缺氧。若抢救不及时，4~6分钟内即可死亡。

当溺水者在水面漂浮时，施救者应迅速向水中抛救生圈等漂浮物，让他抓住而不致下沉；或递给溺水者木棍、绳索等拉他脱险。直接下水救护时，如果溺水者尚未昏迷，施救者要特别防止被他抓、抱。不要从正面接近溺水者，而应绕到溺水者的背后或潜入水下，扭转他的髋部使其背对自己；从后面或侧面托住溺水者的腋窝或下巴使其呼吸，并用反蛙泳或侧泳将其拖带上岸。

当将溺水者救至岸上后，应迅速检查溺水者的身体情况。由于溺水者多有严重的呼吸道阻塞，要立即清除口鼻内的呕吐物，然后再做控水处理。

控水（倒水）处理是指利用头低、脚高的体位，将吸入的水控倒出来。最简便的方法是，施救者一腿跪地，另一腿屈膝，将溺水者的腹部放在膝盖上，使其头下垂，然后再按压其腹、背部。

对呼吸已停止的溺水者，应立即进行人工呼吸。方法是：将溺水者仰卧位放置，施救者一手捏住溺水者的鼻孔，一手掰开溺水者的嘴，深吸一口气，迅速口对口吹气，反复进行，直到恢复呼吸。人工呼吸的频率为每分钟16~20次。

如呼吸、心跳均已停止，应立即进行人工呼吸和胸外心脏按压。施救者将手掌根部置于胸骨中段进行心脏按压，下压要慢，放松时要快，每分钟80~100次，与人工呼吸互相协调操作，与人工呼吸操作之比为5：1；如一人施行，则心脏按压与人工呼吸之比是15：2。

溺水者经现场急救处理，在呼吸心跳恢复后，应立即送往附近医院。在送至医院途中，仍需不停地对溺水者做人工呼吸和心脏按压，争取时间，以便医生抢救。

第三章　休闲体育管理与理论及其
实践运用

现代休闲体育行业在我国还是新兴的行业，发展又十分迅速，行业又有其独特之处，仅仅运用其他行业的管理方法来管理，已不能适应当今休闲体育事业的发展。为此，研究、探讨、学习休闲体育管理一般模式，有着积极的意义。本章着重介绍适应休闲体育的科学管理和休闲体育企业的现代化管理。

第一节　科学管理背景下的休闲体育设施管理

一、休闲体育场地设施的概念

休闲体育场地设施是人们参与休闲体育运动最基本的物质基础，也是发展休闲体育产业的重要载体。在专门的、适宜的休闲体育场所进行体育运动既是生活质量提高的重要标志，也是健康、和谐生活方式的重要体现。

一般而言，休闲体育场地设施就是开展各种休闲体育活动的场所或空间。然而休闲体育场地设施既不限于我们所熟悉的体育场馆，也不是简单意义上的文化娱乐建筑，而是一种复合型的体育文化类建筑。

需要提醒大家注意的是，当谈及休闲体育场地与设施时，休闲体育场地和休闲体育设施这两个术语的含义并不完全相同，它们之间存在一定的区别。首先是休闲体育场地。由于休闲体育运动本身的多样性，用于开展这些运动项目的场地包括标准体育场地和非标准体育场地。它们既可以是用于开展保龄球运动的标准球道，也可以是攀岩运动所依靠的自然陡峭岩壁。

休闲体育设施是指适合于开展休闲体育活动的体育建筑、场地、室外设施以及体育器材等的总称，它既包括了体育场地的建筑设施，还包括了体育器材。当然，在我们提及休闲体育场地时，大多数时候也已经包括了其中的体育器材，这时候，休闲体育场地与休闲体育设施所指的含义是相同的。

二、休闲体育场地设施的分类

按照不同的分类标准，休闲体育场地设施可以划分为不同类型。

（一）健康型、闲暇型和冒险型

以参与休闲体育活动的目的为划分标准，可将休闲体育场地设施分为健康型、闲暇型和冒险型。

随着医疗技术的发展与进步，人们的平均寿命延长了，高龄人口的数量有了明显增长，而高龄者闲暇活动的主要目的就是健康。健康型休闲体育场地设施是为满足人们维持和恢复健康的需求而设的，这类设施所提供的体育服务往往与身体和精神健康有关。例如：社区的康体娱乐中心、温泉或山岳疗养院、健身俱乐部等。

休闲时间的增加使得人们更加关心时间的消费，即有效利用不断增加的休闲时间，充实休闲生活的内容，达到自我发展的目的。而闲暇型休闲体育场地设施便是这一趋势的产物。能够满足上述"时间消费型生活"的体育设施包括高尔夫球、保龄球俱乐部、开展各类职业运动的大型体育场馆、瑜伽健美操中心等。

现代社会的高度制度化与结构化，使得人们必须在日常工作生活中长期扮演相似的角色或处于相对稳定的状态。而冒险型休闲体育场地设施为人们提供了暂时摆脱固有状态，感受全新体验的机会。

而随着安全装备的完善，这类冒险型体育活动也得到越来越多人的追捧，这类体育活动的开展主要依托河流、山川、海洋等自然活动场地，再配以专业的设施装备。例如：广东德庆盘龙峡的皮划艇漂流、攀岩、舢板和滑水等。

（二）日常生活型、广阔地域型、集团度假村型

以休闲体育经营项目为划分标准，可将休闲体育场地设施划分为日常生活型、广阔地域型和集团度假村型。

20世纪90年代，日本的休闲体育学家们，将休闲体育项目分为"日常

生活型""广阔地域型"，随后日本政府为了扩大内需，又提出了以"集团度假村型"为主的休闲体育经营模式。主要用于开展与日常生活紧密相连的休闲体育项目的场所为"日常生活型"休闲体育场地设施，如用于散步的公园路径和钓鱼的池塘。

在水上、山上、空中等自然环境下开展休闲体育运动项目所需的场地设施则称为"广阔地域型"休闲体育场地设施，如帆板、攀岩等。

而"集团度假村型"的休闲体育运动项目多与旅游行业结合得较为紧密。这一类型的休闲体育设施又可被进一步划分为高山型（如滑雪场）、高原及丘陵型（如高尔夫球场）、临海型（如帆船、潜水）、公园型（体育会所）、复合型（以体育为主题的休闲度假群）。

（三）单项休闲体育场地设施、综合性休闲体育场地设施

以适用度为划分标准，可将休闲体育场地设施划分为单项休闲体育场地设施和综合性休闲体育场地设施。

只适用于一类或一个项目的设施属于单项休闲体育场地设施，这类设施通常在名称上已标明其用途，如广州越秀山游泳场、深圳观澜湖高尔夫球会、上海国际赛车场。

能适用于多个不同类运动项目的设施则属于综合性休闲体育场地设施，这类设施的规模一般较大，且功能较齐全，如广州麓湖乡村高尔夫球俱乐部，可用于开展高尔夫球、游泳、网球、健身、瑜伽等休闲运动项目；广东省东莞市南城体育公园就是近年来兴建的特色休闲体育公园，园内可开展包括游泳、篮球、网球、羽毛球、健身等在内的多种休闲运动项目。如图 3-1、图 3-2 所示。

图 3-1　广州麓湖乡村高尔夫球俱乐部

图 3-2 广东省东莞市南城体育公园

（四）公共、私营休闲体育场地设施

以投资主体为划分标准，可将休闲体育场地设施划分为公共休闲体育场地设施、私营休闲体育场地设施。

为公众参与休闲体育活动提供服务的公益性体育设施属于公共休闲体育场地设施，这类设施一般由中央政府和各级地方政府投资兴建；以营利为目的的经营性体育设施则属于私营休闲体育场地设施，这类设施多为私人投资或合资开办。公共休闲体育场地设施的所有权多为中央或地方政府拥有，虽然这些设施是以公益性为目的，但也可以适当收取费用，开展经营活动，只是其经营活动和项目会受到一定程度的限制，这在 2003 年 6 月国务院颁布的《公共文化体育设施条例》中已作了明确规定。与西方国家休闲产业发展不同，我国的休闲体育设施以国有的公共休闲体育设施为主，其数量占所有体育场馆总数的 2/3 还要多，特别是大型体育场馆基本上都是政府投资的，因为一般认为大型体育设施属于城市公共基础设施，其修缮被视为政府的一项责任和义务。私营休闲体育设施主要集中在中小型的休闲体育场地设施中，而这类设施恰恰是休闲体育产业发展的主力军。随着我国休闲体育产业的兴起，目前我国的私营中小型休闲体育场地设施的数量正在以惊人的速度递增。

三、休闲体育场地设施未来的建设发展趋势

（一）场地设施功能多样化

未来场地设施功能多样化，呈现出"运动—公园—旅游—休闲—办公"一体化趋势。

目前，越来越多的经济较发达国家和地区的休闲体育场地的管理遵循

了"运动—公园—旅游—休闲—办公"一体化的理念。例如，澳大利亚各级政府就充分利用优越的自然条件，把运动、旅游和休闲结合起来，通过举办众多的国际比赛，吸引大量游客来观光旅游，并积极鼓励本地居民参与各类休闲体育活动，为各类体育和商业机构提供办公场所，甚至还吸引其他国家的运动员到澳大利亚训练，从而促进旅游业和休闲健身娱乐业的全面发展。坐落在墨尔本市南部的"墨尔本体育与水上运动中心"便是其中的佼佼者。

体育设施的这种一体化发展，不仅改善了设施的内外部环境，而且使体育与旅游、休闲、办公更加紧密地结合在一起，既提高了土地和公共设施的利用率，又能满足不同人群的需要。因此这种一体化的场馆设施，将是今后休闲体育场地设施建设发展的主要趋势。如图3-3、图3-4所示。

图3-3　墨尔本体育与水上运动中心

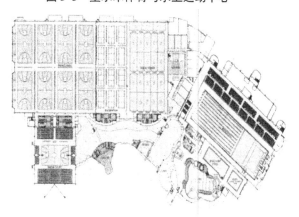

图3-4　墨尔本体育与水上运动中心布局图

墨尔本体育与水上中心（MSAC）坚持"运动—公园—旅游—休闲—办公"一体化的发展理念。是一座现代化的多功能集内陆上与水上运动、休闲与娱乐中心，位于墨尔本市西南端的阿尔伯特公园区（Albert Park）区。阿尔伯特公园距离墨尔本中央商务区不到 3 千米，处于发达的公路、铁路、公交车、电车网络的中心。MSAC 的总建筑面积为 30 000 平方米，其中陆上多功能运动设施占 20 000 平方米，而水上设施则占 10 000 平方米。MSAC 每周 7 天对公众开放，时间从早上 5 时 30 分至晚上 11 时，全年共开放 3 64 天。自 1997 年 7 月开放以来，已有 1 200 万名游客造访此处。平均下来，每天接待 3 420 名游客。游客年龄最小为 6 个月，最大则达 90 多岁。

（1）陆上设施。MSAC 的陆上设施包括：有一个大型的多功能体育馆，用于运动，例如羽毛球、篮球、乒乓球和排球，以及壁球场和健身房。休闲场所包含：零售商店、咖啡馆以及快餐店等。MSAC 用于出租的办公场所由以下组织占用：维多利亚州壁球协会、维多利亚乒乓球协会、维多利亚羽毛球协会、阿尔伯特公园体育医学中心、维多利亚州游泳协会、维多利亚篮球协会、维多利亚州跳水协会以及维多利亚水球协会。如今协会按月向 MSAC 交纳办公地使用租金，并以优惠的价格有偿使用 MSAC 的水上与陆上设施用于开展促进本项目发展的各类活动与赛事。

（2）水上设施。MSAC 的水上设施包括有一个长 75 米、拥有 10 个泳道，可容纳 2 000 名观众的游泳池，一个 14 块跳板的多功能深水池，一个 25 米的室内泳池以及滑水道、波浪池、水疗池和儿童游泳区。配套设施中还包括一个主要的接待区和幼儿园，另有 500 平方米场地用作男性、女性、儿童更衣室以及一个指定的海盗洞穴游乐活动中心。

（二）"以人为本"的经营思想

以社区为中心进行休闲体育场地设施的建设，突出"以人为本"的人性化经营管理思想。

随着城市化进程，以及人们居住观念的更新，现代人已经改变了以单位、亲缘关系等共同居住地域的模式，而更趋向社区化。这一趋势使得社区的概念为越来越多的人所接受。社区的产生也反映出人们对健康、休闲、娱乐等新生活观念的追求。根据有关管理机构的预测，今后的社会地域机体将会是由各种企业、学校、商贸区、政府机构和各种特色居民小区共同构成。

因此，基于这种情况，社区休闲体育应运而生。要想围绕社区开展各种各样的休闲体育活动，社区休闲体育设施的设计、建设与管理就显得十分重要，这将在今后一段时间内成为社会发展体育场馆设施的主要方向。目前，在经济相对较发达地区的一些大中城市中，社区休闲体育场地设施的建设与管理已获得了越来越多的关注，一方面房产开发商经常以完备的休闲体育设施作为竞标和进行市场推广的手段，如在社区内建游泳池、网球场，甚至是高尔夫球场等；另一方面随着人们对休闲体育运动认识的加深，社区人群所参与的休闲体育活动也呈现出明显的年龄、职业、文化水平的差异。如何根据这些差异来修建体育设施已经成为社区建设者、居民和管理当局十分关心的一个重要问题。在国外休闲体育发达的国家，由于社区体育发展较早，他们已经形成了一些较为成熟的建设管理经验。国外的社区休闲体育设施无论在建设设计中，还是在管理服务中，都细致考虑到不同类型体育人群的休闲体育需求，并一贯秉承了人人都有权利欣赏体育、参与体育、分享体育，体育设施的经营管理应有利于社区内的各个群体参与体育和享用设施这样的理念。例如，日本作为人口老龄化的国家，政府和社会十分重视老年人和残疾人休闲体育机会的创造与维持。目前，各大城市都由政府出资建立了众多的老年人、伤残人体育服务中心。如大阪市就建有两个专门为残疾人和老年人设计的规模较大的体育中心，其中"长居伤残人体育中心"就十分具有代表性。

（三）"专业化"和"细微化"管理

休闲体育场地设施的经营管理更为"专业化"和"细微化"。目前，许多休闲体育设施均为大型的、有特色的、以营利为目的的私营场馆设施。

如德国的勒沃库森拜尔04俱乐部、中国深圳的观澜湖高尔夫球会等的休闲体育设施，均是以营利为目的的，其管理体现出"专业化""系统化"思想。从这些场馆的经营来看，他们同经营企业一样建立有不同的管理及经营机构，如策划部、督办部、营销部、培训部、预算部等，常常拥有各个方面的专门化人才，如既有体育专业人士，又有经济、文化、美术、管理、法律、广告等专业人才。各部门各司其职，相互协调，在发挥出其最大作用的同时，获得最大的利润。而休闲体育场地设施的"细微化"管理思想，又是"专业化"思想的内涵延伸。所谓"细微化"思想，是指在对休闲体育场馆的管理中，细微的方面都能引起管理部门的重视，如为了方便观众和使用者在大型活动期间的相互联系，避免迷失，有些设想周到的设施会设有出租临时呼叫机业务，专设伤残人订、售票窗口，设入场导引员等。美国卡罗来纳州道狄—富兰克林体育场的一些管理规定是体现管理"细微化"思想的代表。如，不允许将模拟噪声发生器、酒精饮料带入该体育场；出租临时呼叫机；专设使用轮椅的伤残人入口处；设伤残人专用停车场等。

四、休闲体育场地设施的运营

休闲体育场地设施的运营是通过适当的管理方法和技术手段，发挥体育场地设施各类人员的作用，把投入到体育场地设施中的资金、物资以及信息资源转化为可供出售的体育服务产品的过程。

（一）休闲体育场地设施运营要素

运营是休闲体育场地设施管理中最复杂、最具有综合性的职能。运营的好坏直接关系到休闲体育设施能否高效成功地经营下去。尽管体育设施的运营与大多数企业运营管理的基本原则相似，但仍然存在显著的不同。跟传统的运营管理关注服务的生产过程不同，休闲体育场地设施的运营管理更关注如何提供服务。在这一前提下，我们可以把休闲体育场地设施的运营要素归为如下几类，如图 3-5 所示。

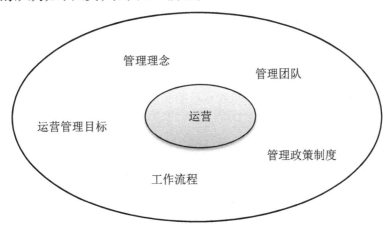

图 3-5 休闲体育场地设施运营要素图

1. 运营管理目标

简单来说，目标是指个人、部门或整个组织所期望取得的成果。在休闲体育场地设施的运作中，运营管理目标的设置是必不可少的，所有休闲体育设施的运营都要遵从既定的目标任务或运营方向的指示。大多数休闲体育场地设施的管理部门都有正规的目标任务，这些目标任务有可能是单一的，也有可能是由多个子任务所构成的目标任务系统。运营管理目标不仅为休闲体育场地设施的运营指明了方向，还为制定预算提供了参考数据。运营管理目标制定得恰当与否直接决定了休闲体育设施运营的成败。

因此，运营管理目标应该由对设施比较了解、有较丰富运营管理经验的高级管理人员负责起草，此外，还应听取员工的意见，在收集了所有参与运营员工的反馈意见后行文汇编。

休闲体育设施的运营目标一般由长期目标和短期目标共同组成。长期运营目标是管理人员对可实现的运营成果或期望的表述。而短期目标则是完成特定长期目标的支持条件。此外，所有短期目标都应该能够量化，要做到可测量、可计算、可比较。例如，某会员制休闲健身俱乐部的长期运营目标为持续稳健的发展。显然，"持续稳健发展"是一个非量化的目标，且需要一定的时间方能实现，所以为了衡量这个长期目标的完成效果，俱乐部的管理人员就必须要设置多个可以量化的短期目标。对于会员制休闲体育设施来说，持续稳健的发展可能意味着更高的营业额、更多的会员、更高的设施使用率、更高的品牌识别率等。那么这些可以测量的具体指标就形成了该俱乐部的短期目标系统。

最后，还需要说明的一点是，休闲体育设施一般会根据规模大小分成多个部门，但是，不论部门承担的是何种工作职责，所有员工都应该参与到设施的运营管理中去。只有全体员工都支持目标任务、长期目标和短期目标，这些运营管理目标才具有真正的意义。

2. 管理理念

休闲体育场地设施的管理理念是指组织在市场中为实现其业绩、管理目标和价值观，在提供休闲体育产品与服务时应保持的一种长期思想。无论组织的管理理念是单一的，还是复合的，都为休闲体育场地设施在竞争激烈的市场环境中开发产品与服务，以及培养管理者等方面创造了一种连贯的组织结构和商业模型。

具体来说，休闲体育设施的管理理念应该成为管理人员制定工作的指导方针和确定经营方向的基础。因此，休闲体育设施的管理理念应始终围绕为消费者提供优质的休闲体育服务这一核心内容，而不应只是片面追求盈利和市场占有率。

3. 管理团队

在休闲体育场地设施的管理中，管理团队是指本着共同的目标，为了保障休闲体育设施的有效协调运作而建立起来的管理组织。休闲体育场地设施的日常运营必须依靠各类经营管理人员来完成，而供职于各个职能部门的经营管理者也就成了管理团队的基本构成元素。

内外部经营环境的差异，往往使得各类休闲设施的经营理念和管理模式存在一定的差异，这种差异也同样会反映在他们的管理团队组成上。大多数的休闲体育设施管理团队可分为两个层次。

首先是高级管理团队层次，这一层次也是整体设施运营的最高决策层。根据场馆的大小和功能，一般由总经理、首席执行官或执行董事组成，他们在设施的运营中主要负责包括管理的理念、任务、政策和流程、组织要素、预订和时间安排、合同、管理手册和评估程序制定等职能。

其次是各个职能管理层，主要包括负责市场营销、公众关系、财务等的职能部门的运作和对具体事务的处理。

4. 管理政策制度

休闲体育场地设施的经营管理制度是在指定的条件下，从各种备选方案中挑选出来的某一明确行为准则，它对休闲体育设施现在和未来的经营管理决策具有指导和决定作用。管理政策制度是根据目标任务制定的，它是所有运营程序建立的基础。

在特定情况下，管理制度是管理者作出决策背后的原因，即为什么作出这种决策。在休闲体育场地设施内部其管理政策制度主要有两个目的。一是要使组织内部的决策必须与组织的战略目标保持一致。如果决策不能与战略目标保持一致的话，将会为组织的运营带来很大的负面影响。例如，某休闲体育中心的战略目标是建立顾客的忠诚度，并与顾客建立长期的发展合作关系。要使这一战略目标可行，需要前台员工的积极配合。

因此，中心管理层可能决定让前台员工在上岗前都参加客户关系管理的相关培训课程，以确保每个员工都了解中心的战略目标，并且有足够的知识与能力帮助该休闲体育中心去完成这一目标。

制度的另一个目的是保证整个组织在决策方面有一定的连续性。通常情况下，决策受决策者的个性、价值观和经验水平的影响较大。政策制度可以通过确定指导方针来保证决策的连贯性，并尽可能地减少个人因素对决策的影响。

5. 工作流程

工作流程是休闲体育设施内各项具体运营任务应如何执行的指南。总的来说，流程比政策制度规定了更加具体的行动方案。一套良好的工作流程执行程序可以作为指导员工和管理者工作的路线图。

简单来说，工作流程就是要回答"如何让休闲体育设施运作起来"这一问题。另外，它还是由一系列操作步骤形成的各种传统工作方法。负责休闲体育设施管理的员工应按照这些步骤履行他们相应的职责。

例如，根据休闲体育场地设施运营的一般工作流程，在场地设施正式开放营业之前，负责基建的管理人员应该先确立自己的管理理念和管理风格，以及合适的设施使用规定和操作程序，并且通过具有限制因素的手段方法清楚地反映出设施的使用要求，最后，再将这些基本的划定和程序有效地传达给员工、承租者和普通公众。

综上所述，休闲体育场地设施要想在复杂的市场环境中成长为有竞争力的、成功的休闲体育娱乐设施，必须确立正确的目标任务、管理理念，构建起强有力的管理团队，并制定出有效的管理制度和工作流程。

五、休闲体育场地设施运营管理的主要内容

体育场馆经营管理是一项复杂的工作，涉及的内容非常多，主要包括：场地设施的预订和时间安排、安全保卫、风险管理、经营项目的制定与市场营销、服务质量管理、财务管理以及后勤工作和场地设施维护。

一个优秀的休闲体育设施管理者需要有完善的管理知识结构，包括预算制定、成本控制、市场营销等，以及商业谈判与沟通的技巧，以便有效地完成各项工作。

（一）场地设施的预订和时间安排

场地设施的预订和合理的使用时间安排是保证休闲场地经营的最重要的因素。没有客户的预订使用，以及各类赛事和活动，设施就得不到有效的利用。另外，赛事与活动还是设施的另一项主要收入来源，也是场地设施充满生机的新鲜血液。休闲体育设施所有者性质上的差异，同样也会反映在其活动预订和时间安排上。

一般来说，除了日常的场地设施租赁业务外，公共休闲体育场地设施有义务确保社区活动和全民健身活动的场地预订和时间安排；私营的设施

则可能会根据合约的内容有选择地举办一些慈善性或非营利性的活动，而更多地把较好的时段预留给那些以营利为目的的赛事活动。

　　然而，不管设施的运营目标和任务是什么，预订通常采用的是签订使用协议的方式，即根据协议确定的金额，按照指定的日期，在特定的场地或设施内保留一个特定的空间以供预订人使用。休闲体育场地的预订一般有意向预订和确认预订这两种形式。意向预订是指单位和个人要求在设施的日程表上预留出一个具体的日期和时间段，但尚未实际签订租赁合同。如果在同一日期和时间段内有其他单位和个人要求使用设施，并同意支付定金，按照惯例，负责场地时间安排的人员要先通知原预订单位，并征求对方同意后，方可最终确认预订信息，准备签订合同。确认预订或合约预订则是指预订机构已经为双方达成共识的日期和时间段交纳定金，并且开始进行合同的谈判工作。值得注意的是不同类型的活动可能会要求不同的确认期限和附带条件，这主要取决于实际情况和主办方的声誉。休闲体育设施必须拥有公平合理的预订系统，才能真正赢得客户的信任。

　　时间安排是根据场馆可以使用的时间，预订和协调所有赛事活动和使用的过程。负责时间安排的人员要精通设施的操作运行，并且有能力保证场地能够在完成日常租用的情况下，承办数量适当的赛事活动，同时又不会造成员工超负荷工作、场馆过度使用、预算严重超支，以及市场过度饱和。因此，休闲体育场地设施时间安排的宗旨就是要合理利用各类场地设施的使用时间，通过与最佳的赛事活动组合来实现设施的最有效使用。如图 3-6 所示。

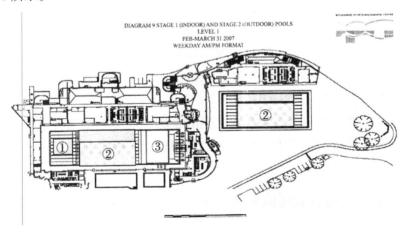

图 3-6　墨尔本体育与水上运动中心的水上设施使用时间安排图

在设施时间安排上，前文所提到的墨尔本体育与水上中心更是最大限度地将其设施与所经营的各类休闲体育项目进行高效组合以便获得最大的设施使用率及经济效益。上图展示了墨尔本体育与水上运动中心的水上设施使用时间安排情况。如图 3-6 所示。①所在部分为中等水深的训练泳池，上午供水上健身操培训项目使用，下午供少年业余游泳学校使用。②为 50 米标准泳池，其中第 0~6 泳道为公众泳道（公众使用时间上午 5 时至下午 7 时），第 7~9 泳道为墨尔本游泳俱乐部的专用泳道。③为深水泳池，每日上午 7 时至下午 3 时 45 分供维多利亚州跳水协会使用，4 时以后用于开展水球和花样游泳等项目。

一般情况下，设施使用单位和个人确认了预订信息后，下一步就是进行合同的谈判和起草。协议双方一致同意的合同应规定参与各方的责任和义务，并需要满足以下五个要求。

（1）酬金：合理的金额（本地物价部门认可）和合约双方相互之间的义务。

（2）有效的报价和承诺。

（3）合同内容必须符合法律规定。

（4）合同的具体期限（时间跨度）。

（5）其他附带条款。

合同应该尽可能地做到简洁、清晰，以避免误解。规模较大的综合项目休闲体育设施通常会使用三种基本的合同形式，每一种合同形式适用于不同类型的活动。

（1）售票的赛事或活动合同。比赛期间休闲体育场馆对公众开放，需要说明门票销售、入场、引导入座、收票等事项。备忘录的内容通常包括保险、专项资金安排、促销活动。由于场馆既要保证活动主办方的预订需要，又要保留对建筑物的支配权，因此公开的赛事或活动往往要求更为详尽的合同制定程序和条款。

（2）不售票或封闭式的活动，例如展示会、项目或产品的推荐活动等。这类活动需要设施展示场所和宴会服务，但不需要销售门票。这类活动的合同不太复杂，因为这些活动不对公众开放，从而减轻了设施本身所承担的责任。

（3）在设施的会议室内举行的小型活动，如私人聚会和研讨会。大型活动必须在活动场地内安排大量的人力，而这类小型活动则不存在这种需要。这类活动的投资收益通常较高，操作简单，其合同条款也相对简单。

（二）安全保卫

当前，建立完善的安全保障和紧急情况处理程序对休闲体育场地设施的管理是非常重要的。安全保障不足，或是对紧急情况的处理不当，都有可能使设施的经营管理者承担相应的法律责任。在大多数具有一定规模的休闲体育场馆中通常会雇用全职的内部保安人员，而安全保障的职能则会归到运营部门的管辖权限之下。因此，建立和拟订出保安的管理规定和工作程序，并将这些管理规定和工作程序传达给包括保安人员在内的所有员工（如售票员、行政管理人员等）就显得十分必要。设施所有的员工都要清晰地了解这一程序，一旦发现问题，他们必须根据处理突发事件的规定，马上加以解决。如果设施通过使用严格的管理规定和工作程序而保护了使用者的权益，这将有助于减轻设施管理当局应承担的责任。

1．应急指挥权

设施应建立一个权威性的指挥体系，以便在紧急情形下最大限度地发挥其协调和指挥作用，迅速处理各类紧急情况。

2．应急反应训练

休闲体育设施的员工对紧急情况所做出的反应必须是迅速而专业的。经过良好训练的员工和未经正规训练的员工对紧急情况的反应是不同的，二者之间的差距可以用生和死来形容。应急反应计划的设计要充分考虑到各种可能的突发情形，更重要的是应全面彻底地培训那些最有可能参与紧急情况处理的员工。

3．应急反应的程序

每个设施都有自己的独特之处，因此有必要制定出适合自己特点的应急反应程序。一个详细的应急反应计划应包括：设施员工的安排、结构特点、赛事活动的类型和分类方法，以及每项赛事活动所需要的紧急医疗救护人员的类型和人数。通过与紧急医疗救护人员沟通，策略性地放置一些必要的应急医疗设备和补给，是做出迅速而恰当的应急反应所必需的。

大多数的大型公共休闲体育设施内设有坡道和其他非机械的出口，可以在紧急情况发生时使用。任何紧急境况下都不应该使用电梯和电动扶梯。当异常的情况开始出现，管理者已立即启动应急预案，保证现场人员的安全。虽然提供紧急救援服务是各类法规强制要求的，但是休闲体育设施从道义上讲，本来就应该为客户提供安全舒适的环境。

（三）风险管理

风险被定义为一种危险，或出现危险或伤害的可能性。风险管理的目标就是将意外伤害控制到最低限度。为了高效率地完成这项任务，休闲体育设施管理者应该有能力识别潜在的风险，估计风险出现的可能性，计划如何应对这些风险，以及为降低风险而制定相关的标准和程序。

1. 风险识别

在风险的识别阶段，管理者必须要能发现在各类经营活动中可能会造成损失的各种风险，并对其判别出是主要风险因素，还是次要风险因素。为了降低风险，每一位休闲体育场馆的管理者都必须关注这些主要风险因素，使这些因素处于设施管理者可以完全控制的范围内。尽管员工本身也是风险因素之一，但经过良好培训的员工却可以成为风险管理者识别风险的最佳人员。

2. 风险评估

风险评估可以通过使用损失额度和损失频率这两个指标实现风险评估的系统化。该系统可以通过创建矩阵来保证评估过程的前后一致。表 3-1 把风险分为九个类别，休闲体育场地设施的管理者可以使用该图表给所有已经识别的风险进行分类。

表 3-1　风险评估矩阵

	频率高	频率中等	频率低
损失大			
损失中等			
损失小			

3. 风险对策

下一个阶段是风险对策，也可以使用矩阵来完成。如表 3-2 所示。可以看到，矩阵中已经根据三种风险频率和三种损失额度填上了各种风险对策。

表 3-2　风险对策矩阵

	频率高	频率中等	频率低
损失大	避免风险	转移风险	转移风险
损失中等	转移风险	转移/承担或减少风险转移	承担或减少风险
损失小	承担或减少风险	承担或减少风险	承担或减少风险

4. 风险防范

休闲体育场馆的管理者应该尽量避免那些会导致重大损失的风险和经常发生的风险。

5. 转移风险

除了通过风险防范来减少各种风险可能为设施带来的损失外，转移风险也是一种对已经识别和评估过的风险进行处理的办法，其重点在于管理者对风险的认识即把握程度。风险对策矩阵中列举的这些风险或多或少地排除了极端情况，但在矩阵中也反映出了一些可能导致重大或中等损失且产生频率不低的风险。现实中，人们不可能完全避免设施经营过程中所产生的所有的风险，有经验的设施管理者能够提前预计到高危风险产生的可能性，并准备好通过诸如购买保险、签订免责协议等方式将其转移出去。

6. 承担和减少风险

处理风险的最后选择是承担风险，并努力减少风险可能造成的损失。人们可以看到，在矩阵中需要承担或减少的风险是那些只会导致比较小或非常小的损失的风险。休闲体育设施可以接受这些风险，除了因为受到重大损失的概率很小，还因为体育运动本身所具有的内在风险是无法避免的，这一点冒险型的休闲体育活动尤为突出。

休闲体育场地设施的管理者应充分意识到风险管理是一个动态过程，并不断地对其进行分析和修改。设施管理者应遵循风险管理程序，在减少自身对潜在风险所承担的责任的同时，保证顾客能更加安全地使用设施。

（四）经营项目的制定与市场营销

休闲体育场地设施的经营项目是整个运营过程中另外一个不可或缺的重要组成部分，经营项目的存在使得各类休闲体育设施的使用者能够在安全的环境、身心愉悦的状态下享受运动、休闲和多种多样的娱乐活动。而根据美国营销协会的定义，营销是指一个产品或服务的计划、构思、生产、定价与经销的过程。该过程以创造交换机会以满足个体与集体客户的需要为最终目的。

可以这样说，几乎所有成功的企业都能做到根据不同的需求辨别客户，并拥有能够满足上述需求的产品、服务和员工。就休闲体育场地设施来说，想要获得较好的经营效果就需要能够设计出让客户满意的经营项目。

1．目标市场的识别

随着体育设施数量的不断增多，市场竞争日趋激烈。任何一个体育设施，无论其规模与实力如何都无法无限制地满足整个国际或国内市场的不同年龄、不同背景、不同地域消费者的需求。休闲体育设施的管理者通常只能根据设施的内外部条件和特点，为自己在一定区间内拟定经营范围，以便满足一部分特定消费者和用户某些方面的需求，这就是目标市场选择的起因。

目标市场一般情况下实际上会由一个或几个细分市场来构成，因此，目标市场的确定首先要细分市场。休闲体育场地设施经营的细分市场标准主要有以下几点。

第一、按地理因素划分：城市、城区、社区、营销半径30分钟路程内的区域。

第二、按人口因素划分：不同年龄、不同性别、不同收入、不同职业的人群。

第三、按购买行为因素划分：参与体育的动机、参与体育的方式、参与体育的频率、参与体育的时间。

2．经营项目

休闲体育场地设施生产的，可供其客户消费的产品实际上就是多元化的经营项目。

因此，休闲体育场地的经营者应本着以体育为主的原则，开展多种经营，通过生产多元化的、高质量的体育主体产品和体育配套产品，以满足消费者的需求。在这方面，西方休闲体育发达国家的经验值得我们借鉴。经过总结多年的理论研究和经营实践，西方的管理者针对休闲体育设施的经营项目设计提出了休闲生命周期的概念。其核心内容是指任何人生命过程中各个不同阶段对于休闲体育活动和服务的需求都有可能存在一定的差异。

比如某个青年客户最初选择到某一休闲体育中心来的目的是参与健身经营项目，但随着该客户年龄、阅历和收入等方面的变化，他的休闲需求也会发生变化。

如图 3-7 所示。当客户的休闲体育消费需求变化时，如果休闲体育设施能够再次提供符合客户变化了的需求的经营项目（例如，游泳、篮球、休闲康复课程等经营内容），那么客户就会长期保持对设施所经营项目的消费，以此类推。

实际上，一直被商业服务业奉为真理的格言是："客户在你的消费场所停留的时间越长，他们的消费也会随之增长"。这一理论可以与消费者休闲生命周期相结合，应用到休闲体育场地设施的经营中来。

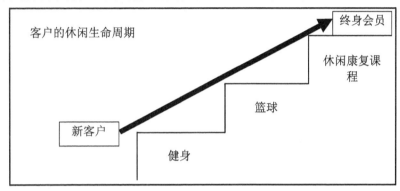

图 3-7　客户使用休闲体育场地设施的休闲生命周期示意图

休闲体育设施的管理人员应在充分理解休闲生命周期这一概念的基础上，把握新老客户的特点，确保能为消费者提供符合其休闲生命周期需求的休闲体育产品。

3. 价格

由于休闲体育场地设施经营的实际上是服务产品，因此这类产品定价可以有多种方法。

（1）成本定价法。价格＝成本＋利润＋税费

（2）目标收益定价法。根据休闲体育设施总成本和估算的销售量，制定一个目标收益作为定价目标的计算方法。

（3）差别定价法。休闲体育场馆在不同时间、不同地点、不同人群、不同情况制定不同的价格。例如针对会员和散客的不同价格，对学生的低价优惠等。

（4）随行就市定价法。定价只能随行就市，跟着市场流行的价格走。这种方法一般适用于处于"完全竞争型"市场环境中的休闲设施。

（5）控制供应量定价法。通过控制供应量来定价，可以保证高利润而减少消费者数量，也可以定低价以扩大市场份额。这种方法一般适用于在市场中有一定垄断地位的休闲体育设施，比如某些市场定位为高端消费群体的私人休闲体育会所。

当然，无论休闲体育设施的经营者们在定价时采用哪种方法，都应该从实际出发，根据设施自身的特点，以及所处的市场环境来决定经营项目的价格。

4．市场营销

休闲体育场地设施经营项目的营销目标主要包括：现有内部会员的营销和外部潜在客户的营销。由于目标受众不同，所采用的营销手段也会有所不同。

对待现有内部会员营销的主要目的是持续保有这部分客户。因此，营销的重点在于如何发掘他们的需求，从而提供更具有吸引力的经营项目。而对于外部潜在的客户来说，营销的亮点则在于扩大市场、提高知名度，力求让更多的人了解体育设施和所提供的经营项目，激发潜在客户群尝试休闲体育消费的兴趣。针对这种情况，常见的促销手段有：

（1）人员推销。体育场馆派出推销人员或委托专业推销机构向目标市场的人群介绍和销售体育服务产品。一般在重大节假日或新的经营项目推出时，体育设施可以派出销售人员到重点客户登门推销。

（2）营业推广。营业推广采用陈列、展示、表演、优惠销售、奖励购买等方式刺激目标受众，从而促进销售。休闲体育设施可以采用的营业推广手段有很多，比如：优惠券、免费试用、赠送小礼品、抽奖促销、套餐组合、折扣减免等。

（3）广告推销。广告推销利用各类媒体发布休闲体育场馆的资讯，主要方式有：使用广告中介公司策划；在各类平面广告，如报纸、广播、电视、网络等媒介上投放广告；利用各类立体广告，如电视、广播宣传车；利用重要人物宣传，如政府官员、影视明星、运动明星等；结合著名厂商、团体（体育俱乐部、消费者协会等）举办活动。

（五）服务质量管理

服务质量的高低优劣直接影响到休闲体育设施的经营、声誉、形象和经济效益，因此服务质量是体育设施经营的生命线。休闲体育场地设施所提供的服务应该从两个大的方面去把握，即硬件部分和软件部分。

硬件部分主要是指设施的建设和设备的配置，这是设施决策者决定的，本书在这里不做深入探讨。软件部分主要是指由服务员人员提供的具体服务，是本书要重点关注的内容。

　　休闲体育场地设施在经营过程中向人们提供的服务，创造使用价值，参与商品交换，因而具有商品的一般特征。提供优质服务是商品经济中价值规律的客观要求。要想提供优质服务，就应该认识优质服务的本质，弄清其概念及特征。

1. 服务的概念与特点

　　要想了解优质服务，首先要认识什么是服务。国家技术监督局对服务行业中服务的定义是："为满足人们的需要，供方与人们接触的活动和供方内部活动所产生的结果。"

　　具体到休闲体育场地设施所提供的服务就是在一定的场所和时间内，供方以提供活动形式满足人们合理需求的供应过程。处于这种特定供应过程中的服务主要具有以下几项特点。

　　（1）无形性。服务是无形的，因为客户在亲身体验这种服务之前通常难以判断其质量，还因为他们在感官上、心理上所获得的益处（舒适感、地位感和健康感）因人而异。

　　（2）易逝性。如果没有顾客，高尔夫球教练就无法提供专业的教学服务，他的服务也不太可能被储存起来留到以后再用。

　　（3）多样性。这里我们将通过四种在设施服务中常见的情况来说明服务的多样性。

　　①不同心理状态下的两个顾客可能会对同一个健身教练在同一时间内提供的服务质量产生不同的感受；

　　②由于精神状态和情绪的改变，同一个顾客可能会在不同时候认为某项服务是不同的；

　　③两个受教育程度、经历、专业技能和领导风格各不相同的健身教练所提供的服务质量是不会相同的；

　　④同一个健身教练在不同时候提供的服务质量也可能存在差异。

　　（4）同时性。良好的提供和服务的享用是同时发生的，因此服务具有同时性，这使得员工（提供者）与客户（消费者）之间的联系变得十分重要，缺一不可。

2. 优质服务与客户满意度

　　休闲体育设施提供的优质服务定义是：人们在消费休闲设施经营项目的过程中，认为其满意度达到了期望值的那部分服务。这说明优质服务并不是一个绝对化概念，而是个相对性概念。

对客户来说，当满意度达到或超过其预期时，他们就会认为体验了优质的服务；当满意度与客户的期望值存在较大差距时，客户会认为体验到的服务质量很糟糕；而当满意度接近或与期望值相符时，则会认为体验到的服务达到了服务所应具有的标准，即标准化的服务。如图 3-8 所示。

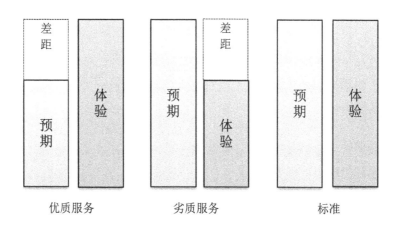

图 3-8 服务与客户满意度关系图

休闲体育设施行业是以服务为导向的经营管理组织，管理人员不仅需要提供符合消费者需求的、有吸引力的高质量服务产品，还必须持续不断地努力去发掘那些能给消费者带来愉悦体验的新的、更好的方法。有经验的休闲体育设施管理者都明白这样的道理：他们的生意是否兴隆主要取决于其经营项目和员工吸引与保留客户的能力。适销对路的经营项目和活动日程能保证设施的人气，但除此之外，越来越多的人开始更多地注意到项目如何进行和自己在这个过程中受到的待遇如何。大多数休闲体育产品和服务的顾客进行的是体验消费，因此他们在一个设施体验到了愉快的经历，就很可能会促使他们再次光临。

当今体育设施的设计和建造多是以使用者为核心的，因此，管理者们必须不断发现新的方式来使顾客得到满足。然而仅仅使顾客满意是不够的，要想在激烈的竞争中取得成功，设施还必须能提供非同一般的客户服务以培养"铁杆粉丝"。客户的忠诚度会为经营管理者们带来意想不到的实际效果。

（六）财务管理

规模较大的休闲体育场地设施一般会设有一个专业的部门进行会计和财务工作，而在小型设施中，会计和出纳也必须由两个以上的员工担任，以确保相互之间形成有效的监督机制。此外，将与财务会计相关的工作外包给专业的中介公司处理也是目前常见的做法。

1. 预算

预算是指在一定时期内，通常是一年到两年的时间，对收入和支出进行总括的估算。任何一个休闲体育设施都必须根据经营管理的状况编制准确、合理的预算，制订收入的主要来源和各项支出的年度计划。预算是一种非常重要的工作，因为它可以预计资金流入和资金流出的情况，不仅可以成为控制资金流动的工具。同时还是领导经营管理的指南，也是管理人员所制订计划的表现形式。公共休闲体育场馆的经营者还要具备对政府行政手续和对公共场所预算制定程序知识的把握。

以广州天河体育中心为例，该中心在每年9月至10月间，将各场馆设施上报的预算计划汇总后，根据市财政部门的预算规定来制定下年度整体预算。由于市财政部门对中心采用的是差额拨款政策，因此中心的预算计划主要包括财政拨款预算与自有预算两部分。每年预算制定后均须通过广州市财政局审批，报市人大决议通过后，方能实施。

（1）收入来源。总的来说，公共休闲体育场地设施的收入来源一般有两大类。第一类是财政拨款收入，它包含了财政补助收入、上级补助收入、彩票公益金收入三部分；第二类是事业经营收入，它主到包括事业收入、经营收入和其他收入。

其中，事业收入主要来自开展体育业务活动及其辅助活动取得的收入，包括以下两种。

第一种是各类休闲体育比赛活动收入、门票收入、出售赛事活动的广告电视转播权收入、体育广告赞助收入、体育技术服务收入、体育相关业务收入、无形资产转让收入及其他体育事业收入。

第二种是经营收入，指在体育专业活动及其辅助活动之外开展非独立核算经营活动取得的收入，包括：辅助产品销售收入、经营服务收入、租赁收入（房屋、场地、器材等）及其他经营收入；其他收入主要指除上述收入项目外，休闲体育场馆获得的其他种类收入，多为各种非经常性经营管理事项产生的收入。而私营休闲体育设施的收入来源则相对简单，主要集中在第二类收入来源上。

（2）支出项目。休闲体育设施的支出中，根据支出项目的性质，可分为固定成本支出和变动成本支出。根据支出项目的来源，一般可分为事业支出、经营支出两类。事业支出主要指由于开展体育业务活动及其辅助活动发生的成本费用，包括：从事体育事业工作人员的工资、低值易耗品费用、水电费、各类活动竞赛的其他组织管理成本等。经营支出则指因开展体育专业活动及其辅助活动之外非独立核算经营活动所产生的费用支出，包括：各经营性项目使用设备的固定资产折旧、项目的开发费用、体育培训的教师劳务费、广告赞助的推广与制作支出等。

2．场馆会计

休闲体育场地设施的会计与其他行业的会计很相似，唯一的不同之处是，与政府需求相关的场馆会计操作更为简单，不必像私营场馆那样还要向场馆的股东汇报。会计程序通常来说包括三项基本的财务信息的披露。

（1）管理会计报表。管理会计报表的基础是根据收入和财务数据所进行的预测。这一信息将用于支持管理人员的决策。

（2）财务会计报表。财务会计报表主要包括损益表、资产负债表、现金流量表。这些报表要接受审计，并且要与企业会计准则或公共事业会计准则的要求保持一致，会计人员应根据准则所规定的程序来准备此类报表。

（3）税务会计报表。税务会计报表要按照税务当局（国税局或地税局）的规定来填报。如果是公共场所设施则应按有关规定，只针对经营收费项目缴纳税金。

3．财务管理

财务管理是休闲体育设施经营中极其重要的方面，其中的薪酬预算和活动费用结算是财务管理的主要内容。活动费用结算的过程采用成本会计或管理会计常用的程序，主要用于计算举办赛事/活动的经营成本。评估这些成本数据可以支持管理人员作出决策，这些决策反过来又会影响将来举办的赛事/活动。而设施中的薪酬与其他所有行业一样，是指固定期限内发放给员工的劳动报酬。员工薪酬的发放是所有经营性支出中最大的一部分。管理者必须保存好所有关于薪酬发放的记录，以用于准备年度税务核算或作为审计的依据。

（七）后勤工作和场地设施维护

后勤工作和场地设施维护是为了保持设施清洁和准备接待观众而设计的。一个清洁保养得当的设施使用环境能够让赛事活动的组织者和设施使用者感到惬意，因此对于这项工作设施管理者不可掉以轻心。

设施的后勤工作与房屋清洁不同，其工作范围包罗万象，不仅有各种表层的运动场地、运动器材的清洁维护，还有看台座椅、移动座椅、休息室、包间、地毯、瓷砖、绿化带、电梯等。而场地设施的维护则包括许多专业性较强的职能和责任，如建筑物维护、设备维护、赛事活动使用设备的安装、拆卸和保管等。除此之外，休闲体育设施的维护管理还要求场地设施要了解和遵守有关的国家性和地区性法规。

六、休闲体育场地设施的运营管理实务

在现今社会激烈的竞争环境下，要想成为一个优秀的休闲体育场地设施的经营管理者，除了要熟知休闲体育设施运营的要素，以及清楚把握设施运营管理范围内的各种职能方法外，还要了解各种休闲体育运动项目和场地设施的经营管理特点。只有这样才能在充实自己专业知识的同时，为将来可能要应对的竞争做好准备。因此，本节将对几种我国休闲体育市场中常见场地设施的特点和经营管理实务进行介绍，旨在使大家对此有更进一步的认识和了解。

（一）休闲体育公园

1．休闲体育公园的概述

众所周知，健康的生活离不开良好的生态环境与积极的体育锻炼。优美的自然环境令人心旷神怡，舒展身心。积极的体育锻炼有助于人们缓解工作压力，强健体魄。由于工作压力大，加之日常缺乏锻炼，现代城市人的身体呈现亚健康状态。

因此，体育休闲公园的出现适合了现代大都市的需求。它是以运动为主题修建的公园，主要供人们进行体育锻炼、参加体育游戏，从而起到放松身心、缓解压力，甚至是预防和医治疾病的作用。它超越了一般公园的功能，有机地结合了绿地与运动，同时也为市民提供更多的参与体育活动

的机会，是人们身心健康的"充电器"。

休闲体育公园的概念产生于 20 世纪 90 年代，但实际上很多国家在三四十年代已开始尝试。早期，人们只是对一些具有简单体育设施的场地进行绿化或将场地建在大片绿地附近。后来逐渐发展到从建筑稠密的居民社区划出一小块土地设置进行体育锻炼的设施，以供各阶层居民在绿荫丛中进行户外游憩。

2. 休闲体育公园的设计建设与管理

休闲体育公园的出现，是居民在一定物质生活条件满足之后，追求更高层次生活质量的必然趋势。体育公园在设计过程中需充分把握其属性，创造出适应时代特点的园林。体育公园的类型很多，有从事某一项（如高尔夫、水上运动）运动的；有供某一年龄组（如少年儿童、青年）使用的体育公园；或按功能作用不同而分的（如训练、体育表演、体育医疗等）；也有多功能的综合体育公园，既可进行各种不同的体育锻炼，又可供游人进行户外休息。

目前，休闲体育公园已在很多国家得到了推广。这类公园的布局形式很多，其布局基础就是创造出令人心旷神怡的风景，并将体育活动与自然环境融为一体。

例如英国的希尔公园，它是英国的第一座体育公园。园内设有游泳池、网球场、游船、湖泊、码头和其他设施。在英国，草地和铺设了地被植物的林中空地多用作体育运动场，从而使这些场地真正具有公园特色。在瑞士苏黎世也建有许多独特的体育公园中心系统。设计师在灌木之间开阔的林中空地上建造了体操场、体操馆。在草坪和硬质地面上建造了游戏场、游泳设施和文化教育设施，包括展览馆、音乐厅和游艺馆等。在面积有限的用地上集中建造了很多设施和装置，为游人安静休息和从事多种形式的训练和娱乐创造了宜人的环境。在各分区和各场地间，合理配置的绿化与巧妙利用自然地形相结合，不但使各个区域，而且使公园与周围用地间形成了良好的隔离。这些都是国外休闲体育公园中较为成功的范例。

目前国内城市大多兴建了体育公园。上海市闵行区环城体育公园便是上海市修建的第一个休闲体育公园，面积达到 900 亩，位于上海外环线环城绿化带上，是集丰富的自然景观、体育活动和生态健身为一体的主题公园。

公园的设计突出体育公园的特色，将运动休闲融于独特的环境景观之中。公园的设计明确划分了三大功能区，即体育活动区、自然休闲区和生态健身区。公园空间环境的创造，将现代都市人的关注生命、享受生活的需求始终置于首位，力求体现生态化和人性化。它在功能上与体育设施相呼应，将健身活动融入自然景色中，从而达到了生态健身的效果。

由于休闲体育公园除了跟普通公园绿地一样有各类植被和游乐设施，还包含了各类体育场地的硬件设施，因此，在管理上多采用公园绿地+体育设施的复合管理模式，以保障各类设施有效运作。作为公共设施公园绿地在经营过程中往往以追求较好的社会效益为其运营管理目标，而非利润最大化。

然而，公园中的各类体育设施，特别是那些高规格的竞赛场地，则需要平衡好满足公共需求与获取盈利之间的关系。作为休闲体育公园的经营管理人员应根据休闲体育公园不同场地设施的特性，合理规划各类活动，做好体育设施的维护，以便为大众提供各类高质量的休闲体育服务产品。

（二）高尔夫场地设施

1. 高尔夫运动的概述

"高尔夫"本是英语"golf"的译音词。在英语中，golf 一词是由绿色（green）、氧气（oxygen）、阳光（light）和友谊（friendship）这四个单词的打头字母所组成的。一项运动，能兼有上述四项诱人的内容，足见其独特的魅力所在，难怪它能得到崇尚休闲的现代都市人的宠爱。

高尔夫运动的起源一直是个谜。据说早在公元前二三百年，在中国和古罗马都曾流行过类似高尔夫球的以杆击球的球戏。但一种公认的说法是，14 世纪时，苏格兰东海岸的渔民发明了这项运动，他们用树枝或者棍子，来击打路边的圆石。如果圆石掉进兔子洞，就算赢得胜利。

此后，这项运动逐渐引起了宫廷贵族的浓厚兴趣，最终成为苏格兰的一项传统运动项目。由于打高尔夫最早在宫廷贵族中盛行，加之高尔夫场地设备昂贵，故有"贵族运动"之称。

高尔夫在 1900 年和 1904 年奥运会上曾被列为比赛项目，但不是奥运会的正式比赛项目。这项运动于 19 世纪末传入中国。1931 年，中国、英国和美国商人一道在南京陵园中央体育场附近开辟了高尔夫场地，并合办高尔夫俱乐部。1985 年，中国高尔夫球协会成立，1986 年 1 月，我国首次举办了"中山杯"高尔夫邀请赛。

近年来，全国各地均修建了高水平的高尔夫球场，该项运动在我国也正以极快的速度普及和发展。

2. 高尔夫球场地与器材

（1）高尔夫球场地。高尔夫球运动的场地设施一般包括了会所、标准球场、练习场及一些附属设施。标准高尔夫球场的总长在 5 000～7 000 米，宽度不限。根据场地和球会的规模，球场一般有两种主要规格，分别为 9 洞和 18 洞。标准高尔夫球场设有 18 个球洞，每个球洞所在的场地大小不一、形状各异，然而无论场地的外在条件如何，每个洞场均由发球台（开球台）、球道、果岭和球洞组成。

（2）高尔夫球器材。①高尔夫球。是一个质地坚硬，由 400 多个浅凹槽所覆盖的富有弹性的实心小白球。一般有四种类型：一是单层球。这种球也可以叫作一体球或一件头球，一般仅用于练习或用于练习场（Driving Range）。球体由硬橡胶压制而成，并且涂漆；二是双层球。这种球也叫作双体球或两件头球，是最常用的球。球心外面为硬橡胶或塑料，或者是用两者的混合物制成外壳，厚度约 1 毫米。目前市场上大多数飞行距离远或抗损耗的高尔夫球均采用这一结构，是一般爱好者的最佳选择。三是三层球，也可以叫作三件头球，是高水平球手常用的球。在由橡胶、塑料或两者混合物制成的相当于榛子大小的球心外面包围着充满液体的胆，像线团状缠绕着薄橡皮条，外壳为橡胶制品。这种胶核液体球心球，是目前最具有高旋转性和击球感觉的球。四是多层球，击球越有力，球越容易变形。多层球就是根据这个道理设计和制造的，目的在于使用任何击球力度都能产生最佳效果。球心的设计是为了开球更远，中间层为适合铁杆击球，外壳是为获得最佳击球感觉和产生最大回旋。最新设计的球在球心和外壳内开始掺进钛、钨和镁等金属粉末以加强球的强度，使球体内的重量分配更为合理。但是这种球价格昂贵，练习者在下场时容易遗失球且提高了打球成本，所以不常使用。②高尔夫球杆。由球头、杆身、握把组成。按球杆的不同用途，和球杆被设计成不同的杆头形状和杆身长度大致可分为木杆、铁杆、挖起杆以及推杆。开球或击远距离球时通常用木杆。木杆按长度分为 1、2、3、4、5 号杆，1 号木杆最长，击球距离最大，一般发球时使用。铁杆可使球的落点更准确，分为1～9 号杆、劈起杆（P）和沙滩杆（S）。推杆在球被打上果岭后或离球洞较近且地面较平整时使用。

3．高尔夫球场地设施的经营管理

高尔夫球场的经营管理是一项系统而复杂的工程。说它系统，是因为各个环节联系紧密，牵一发而动全身，甚至任何细节的疏忽都可能导致严重的后果，而且各个管理环节非短期可建立；说复杂，是指其涵盖草坪种植、维护、管理，园林景观、球场运营管理、产品设计、销售等多项内容。怎样合理利用现有资源，完善运作流程，提高场地设施运作效率，是每个高尔夫球场经营管理者所关注的问题。下面结合高尔夫球场运作的特点，从四个方面来说明如何提高其球场运作的效率。

（1）时间管理科学化。高尔夫球场在其运作活动中受时间的约束很大。顾客的随机到达，更增加了球场时间安排的难度。特别是在节假日，当顾客需求超过球场的实际接待能力时，就会出现"压场"等现象。

为了使球局顺畅进行，有必要从以下几个方面加强时间管理。①提前预订。即在周末及节假日前提前预约开球时间，在每次签到开单时确定开球时间。②编组下场。在节假日等繁忙时段提倡多人编组下场，限制 3 人以下小组下场。③限制杆差。在周末及节假日特定时段，限制球差在 36 以上的男球手和杆差在 42 以上的女球手下场打球。这样可以调节工作日和节假日的客流量。④准时开球。开球时间一旦确定，工作人员应保证球手准时开球。当球手因延误了确定的开球时间，工作人员则只能在后续的空闲时段安排其下场。⑤加强巡场。由三位职业教练（球手）轮流巡场，控制整体节奏，提示超时慢打的球手，处理影响正常运行的事宜。提倡球手慢打快走，在 4 小时 15 分钟内完成四人组球局。⑥强化顾客时间观念。建议顾客在预订的发球时间之前 30 分钟抵达会所，并在 10 分钟之前到达出发站等候工作人员通知开球。任何时候都服从俱乐部出发台的安排，制止干扰俱乐部管理的行为和其他会员的打球次序。

（2）信息沟通顺畅化。高尔夫球场信息沟通涉及业主方、球员、员工和行业协会间的各种沟通。根据球员与行业反馈的信息和要求以及重要活动安排及时对球场养护计划进行调整。有效的信息沟通，可以让管理者作出正确及时的决策，从而让球场更有效地运作。

当然，信息顺畅的沟通需要有技术的支持，球场监控系统软件的开发，可使球场或是赛事组委会工作人员随时掌握球场状况，以及比赛的进度，从而保证能够及时调整规划或人员配置，这无疑将大幅提升高尔夫赛事的节奏与球场管理的效率。

（3）分工协作明确化。高尔夫球场是一个多部门、多功能的综合性休闲体育设施，虽然各部门的功能不同，但都相互联系、互相制约，所以他们之间的分工协作对球场的正常运作非常重要。高尔夫球场各部门为顾客提供一系列不同的服务，其中任何一项服务不到位，都会影响顾客的满意度。如球童供应不足，草坪养护不够，机械设备出现故障不能及时修理等问题，都会影响整个球场的运作。因此，各部门不仅要明确分工，各司其职，还需要通过大力开展协作来处理日常或突发的事件。

（4）价格合理化。随着我国综合实力不断提高，以及高尔夫球运动在国内的迅速普及，对与高尔夫运动相关的各项消费需求也在不断扩大。然而，在外部形势一片大好的情况下，却有很多球会在抱怨"生意难做，经营亏损"。与此同时，消费者则普遍反映高尔夫俱乐部"门槛太高，消费不起"。这一问题的产生，究其原因主要是高尔夫球俱乐部的价格制定不甚合理，且缺乏策略。价格制定不合理会使顾客对球场望而却步，球道设计得再完美，没有了顾客，球场内所有资源也无法得到有效的利用。

当然，高尔夫球场的高效运作，不仅要为消费者提供合理的价格，还要考虑到球场的经营成本和资金运转情况。因此，要使中国高尔夫运动健康地发展起来，控制价格和成本是一个突破口。

（三）保龄球馆及设施

1. 保龄球运动的概述

保龄球是由公元 3 ~ 4 世纪流行于德国的"九柱戏"演变而来的。今天所开展的十瓶制保龄球，乃是由九瓶制演变而来，而九瓶制保龄球则是由被称为"保龄球之父"马丁·路德发明的。随着九瓶制保龄球的流行，这项运动也从最原始的在户外土地上开展，渐渐改良为在抹石灰、铺地板的投球台上进行，最后甚至加盖围墙及屋顶，演化为现在的在室内进行。

17 世纪以后，保龄球被带入了美国。随后美国人对保龄球进行了改进，增加了一只瓶，并形成了延续至今的十瓶制保龄球。保龄球在被带到美国后得到了迅速的发展。1841 年在纽约州的古利尼吉镇上，设立了全世界第一家保龄球馆。1895 年 9 月，美国保龄球协会（ABC）成立。从此，保龄球运动成为一项正式的体育运动。1952 年，国际保龄球协会（FIQ）成立，总部设在芬兰的赫尔辛基。

2. 保龄球馆与器材

投球台、球瓶和球是开展保龄球运动的三项基本器材。

（1）投球台。保龄球球馆里从取球、投球区、球道到球瓶区的一切设备，统称为投球台设备。①助走道。是球员投球时助走用的，是球员进行助跑、滑行、掷球的地方。宽1.52米，长度不少于4.57米。②球道。是球员用滚动的球击打球瓶的地方，球可以在球道上任意滚动并构成各种球路，去击中目标（10个木瓶）。目前使用的标准球道用39块宽3厘米、厚15厘米的枫木或松木条拼制而成，长19.15米，宽1.042～1.066米。③犯规线。犯规线是球道和投球区的分界线，宽0.95厘米。④回球道（在两条球道之间的底部）和回球机。顾名思义是把运动员掷出的球送回来，是保证球员再次投球的必备装置。⑤记分设备。保龄球的记分设备在球员休息区内。现代化的保龄球馆都有电脑记分系统和选瓶装置。

（2）球瓶。保龄球球瓶是以坚韧耐撞的枫木制成的，并在球瓶表面涂上抗强撞击的塑质化合物涂料。球瓶的外形似香槟酒瓶，高度为37.50厘米，底部直径为5.02厘米，腹部最大直径为12.10厘米，颈部直径为4.60厘米，表面形成光滑的曲线。

（3）球。保龄球的标准直径是21.5厘米，周长不得大于68.58厘米。由球核、重量堡垒、外壳3部分组成。球上有三个指孔用以握球。球的质料用塑料、胶木、树脂等高分子材料合成。

3. 保龄球馆及设施的经营管理

相较其他休闲体育运动项目，保龄球在我国的开展时间较长，且行业管理也较规范。如早在2003年广东省体育局就制定了《广东省经营性保龄球馆管理办法（试行）》，为广东省保龄球市场建立了行业规范。

由于保龄球是室内活动，不受时间、气候等外界条件的影响，也不受年龄的限制，容易入门，是一项男女老少皆宜的体育运动。随着全民健身运动开展，各地保龄球馆也在这股热潮中迅速发展。保龄球馆数量的增加，使得市场竞争越来越激烈，因此经营与管理就显得尤为重要。保龄球馆经营和管理是相辅相成的，好的经营是管理的保证，优良的管理是搞好经营的基础。

为了提高保龄球馆的经营管理效益，应注意重点把握下述几项工作内容。

（1）延长营业时间。随着人们夜生活的不断丰富，利用夜间闲暇时光去保龄球馆已成为时尚，夜场的收入可观。因此，现在许多大型的球馆都实行 1 周 7 天，24 小时营业，以便最大限度地满足消费者需求。

（2）按时间段收费。不同的时间要制定不同的收费价格。不同的收费价格是为了适应不同收入的消费群体而制定的。一般来说可分为晨练场、早场、下午场、晚场、夜场等。例如早场，时间段一般是凌晨 6 时至 10 时，价位较低。由于时间较早一般适合学生、教师、老年人保龄球爱好者。而晚场时间段一般是 18 时至 23 时，该时段为大多数人的下班时间，客流量大，价位相对较高，其销售业绩一般要占到全天营业额的三分之二，被称为黄金时段。

因此，要把此时段作为全天营业的重点。有的场馆还根据晚饭时间客流量少而推出价位更低的黄昏场。制定这些时间段的目的是提高球道使用率，增加客流量，提升球馆的营业收入。各球馆要根据所处的地理环境、道路交通及经济发达程度的不同而制定相应的时间段价位。

4．可供选用的促销方式

对于保龄球馆的经营管理者来说，为了应对激烈的市场竞争，各种促销手段是必不可少的。保龄球馆所常用的促销方式包括下列几项。

（1）人员促销。团队活动，技术培训班。

（2）媒体促销。扩大促销范围，提高影响。

（3）公关促销。广泛推销会员卡，举办比赛，提高球馆知名度。

（4）营业推广。举行各种活动，提高兴趣。

保龄球馆的经营与管理需要根据具体情况，综合实际工作的经验，制定适合本场馆的经营方法与管理模式，在不断变化的市场中发展与完善。

（四）攀岩场地设施

1．攀岩运动的概述

攀岩是从登山活动中派生出来的一项运动，起源于 20 世纪 50 年代的欧洲。登山者即使选择最容易的路线攀登几千米的高峰，在途中也免不了要遇到一些悬崖峭壁，所以说攀岩也是登山运动的一项基本技能。攀岩运动是利用人类原始的攀爬本能，以各种专业装备作安全保护，攀登一些岩石所构成的峭壁、裂缝、海蚀崖、大圆石、冰川以及人工制造的岩壁的运动。

1947 年苏联成立了世界上首个攀岩委员会。1948 年苏联在国内举办了首届攀岩锦标赛，这也是世界上第一次攀岩比赛，此后攀岩运动便迅速在欧洲盛行起来。1985 年法国人弗兰西斯·沙威格尼发明了可以自由装卸的仿天然人造岩壁。因人工岩壁比自然岩壁在比赛规则上易于操作，并利于观众观看。

1987 年国际攀登委员会批准人工岩壁上的攀岩比赛为国际正式比赛，并于当年在法国举办了首届人工岩壁上的攀岩比赛。

在我国，1987 年 10 月在北京怀柔的天然岩壁举办了第一届全国攀岩比赛。1993 年，攀岩比赛被国家体委列入正式比赛项目，此后每年都举行一次全国锦标赛。近年来，攀岩运动也得到了广大群众的喜爱并推广起来。

2. 攀岩场地与器材

（1）攀岩的场地。目前，用于攀岩的岩壁主要有天然、室外人工和室内人工三种。天然岩壁是大自然在地壳运动时自然形成的悬崖峭壁，给人的真实感和挑战性较强，可自行选择攀岩的岩壁和攀岩路线及攀登地点，而且天然岩壁的路线变化丰富，如凸台、凹窝、裂缝、仰角等，能让攀岩者深刻体会到"山到绝处我为峰"的感受。而人工岩壁是人为设置岩点和路线的模拟墙壁，可在室内和室外进行攀岩技术的训练，难易程度可随意控制，训练时间比较机动，但高度和真实感有限。

由于受条件限制，当前在各地营运的多为人工岩壁攀岩场所。根据修建所使用的不同材质可以分为打孔锁岩块攀岩场、木合板攀岩场、平面合成板攀岩场，以及合成材质 3D 曲面雕塑岩板攀岩场。

打孔锁岩块攀岩场。打孔锁岩块攀岩场是目前施工方式最简单、成本最低的攀岩场类型。只要遵照标准的技术规范在混凝土壁上钻孔，打入膨胀锚桩再锁上岩块即可。

木合板攀岩场。此种人工岩场是以热压木合板，外面再涂上一层多元酯凝结物，背面以金属钢架支撑建构而成。由于它是由一块块木合板组合而成，因此它除了最基本的平面形式以外，还可以在经由计算以后，事先裁好不同大小的板子，组合成攀岩岩面，因此，它的成本比打孔锁岩块形式的岩场要高出一些，但是岩面的变化度也相对更丰富。

平面合成板攀岩场。这种岩场是由单位岩板组合而成。制作合成岩板的基本材料是玻璃纤维补强多元酯。合成岩板最大的优点是除了有木质合板岩场的优点外，原先木合板的缺点都能一一克服。因为透过模块化的简单组合，无论是简单或是变化复杂的设计，都可以如积木般组装起来，加上本身材料特性，表面浮雕及粗糙化处理，使得它无论触感也好，模拟三维立体变化也好，都是目前世界上最佳的岩场材料。

合成材质 3D 曲面雕塑岩板攀岩场。3D 曲面雕塑岩板依其字义可以了解是一种非平面的立体岩板，因其非平面的岩板立体变化表面，使得人工岩场进入一个更高的境界，不论是外形还是质感都能像真的岩石那样优美和自然。这种岩面是由每块 1.0 米×1.0 米见方的三度空间立体岩板构成。

（2）攀岩的器材。攀岩器材准备是攀岩运动的组成部分，它直接关系到攀岩者的生命安全。一般攀岩器材分为个人装备和攀登装备两类。个人装备主要包括：安全带、下降器、安全绳索和绳套、安全头盔、攀岩鞋、镁粉和粉袋。攀登装备则主要有攀岩专用绳（动力绳和静力绳）、铁索和绳套、岩石锥、岩石锤和岩石楔等。

3. 攀岩场地设施的管理

如前所述，由于天然和人工攀岩场地本身在材质和构造上存在较大差异，因此在经营管理上，也应依据场地本身的特点而采取不同的经营管理方法和措施。

（1）天然攀岩场地。在天然场地开展的攀岩运动多在野外进行。一般来说，天然攀岩场地受周边自然环境的影响较大，所以这类场地设施的经营管理较难把握。但与此同时，多数天然攀岩场地能较好地与各类旅游风景区融合在一起，有些用于攀岩的天然峭壁甚至能成为旅游景区吸引游客的重要卖点。

然而，必须要强调的是在天然场地开展的攀岩运动危险性一般也较高。因此，对这类攀岩场地设施的管理应主要集中在安全保障与风险管理上。为了保障广大攀岩爱好者的人身安全，各类休闲旅游景区和天然攀岩场地的经营者和活动的组织者应严格按照我国有关法律法规来开展经营活动。

（2）人工攀岩场地。与天然攀岩场地相比，人工场地的可控性要高很多，在经营管理上的难度也相对较小。但可控并不代表没有危险。由于攀岩运动本身的特点决定了该项运动必将与危险为伍，因此即使是人工攀岩场地，经营管理者也应严格按照《攀岩攀冰运动管理办法》的有关规定开展经营管理。对于人工攀岩设施来说，岩面是攀岩运动所依赖的最主要的物质基础，也是吸引消费者的核心产品。因此，岩面材质和攀登路线的设计就显得格外重要。随着科技的进步，目前用于人工攀岩场地建设的可选材质也越来越多，因此经营管理者应注意各种材质在安装使用过程的不同特点和要求，并进一步根据自身经营场地材质的特点，做好路线设计，岩面维护以及攀岩指导人员的招聘、培训等工作。

（五）壁球场地设施

1. 壁球运动的概述

1830 年前后，英国著名的贵族学校哈罗公学的学生发明了壁球这项运动。因球在猛烈触及墙壁时发出类似英文"SQUASH"的声音而得名，这就是我们今天的壁球。1864 年，第一块专用打壁球的场地在哈罗修建，这也成为该运动正式创立的标志。

时至今日，世界壁球联合会已发展成一个庞大的、组织严密、管理有序的组织。截至 1999 年，共有正式成员 115 个，开展壁球运动的国家和地区达 135 个；全世界范围内经常参与壁球运动的体育爱好者超过 1 500 万人，有标准壁球场近 5 万个。如同网球有 4 大公开赛、大满贯赛一样，职业壁球界也有著名的 4 大赛事，即历史最悠久的英国公开赛、香港公开赛、美国纽约的冠军赛和世界公开赛。

2. 壁球场地与器材

（1）壁球场地设置。壁球场地分为单打和双打两种。国际壁球联合会规定的标准，单打场地长 9.75 米、宽 6 140 米、高不低于 5.64 米；双打场地长 13.72 米、宽 7.62 米、高 6.1 米。壁球场地由墙壁系统和地板系统组成。①墙壁系统，壁球场地的门一般都开在后墙中央，高度与后墙齐平。面墙上有 3 条水平线，从上往下分别叫上界线、发球线、下界线。根据壁球比赛的规则，球必须击打在上界线以下、下界线以上的墙面，球触到下界线或出界线就算出界。因为球的速度很快，为了更清楚地判断是否触到线上，通常把出界线做成凹形的，下界线做成凸形并带有斜坡，这样球一旦触到线就会马上改变方向。壁球场地的后墙一般是用强化玻璃做的，厚度是 0.012 米，门的宽度不超过 0.914 米。②地板系统，壁球场地的地板对角线的长度是 11.665 米。距离后墙 4.26 米横穿过球场的一条线被称为"短线"，其后沿距前墙 5.49 米。在中间有一条线叫"半场线"，它连接短线与后墙的中点。短线与半场线交界的区域叫"T"区。由短线与半场线分割成的在场地后部的两个大长方形的区域叫"后 1/4 区"。在短线的两端，各有一个正方形的格子，叫"发球区"，其内侧边长为 1.6 米。场地内（包括墙上）所有标志线的宽度都是 0.05 米。

（2）壁球器材。①壁球。壁球按飞行速度的快慢可分为蓝点（快速）、红点（中速）、白点（慢速）和黄点（超慢速）四种类型。壁球内填充有惰性气体，当壁球被打击的时候，气体因摩擦受热膨胀，使其飞行速度加快。②壁球拍。壁球的球拍类似网球的球拍，但尺寸要比网球拍小。球拍的框架通常用石墨合成物制成，其材料和着色应满足球拍触墙后不留痕迹的要求。

3. 壁球场地设施的经营管理

壁球运动在世界上有近百年的发展历史，而在我国开展得相对较晚。总的来说，壁球项目在我国的普及程度并不是很高。这一现象产生的原因如下。一是由于壁球受场地、建造条件的制约，在北京、上海、广州等地，它是以星级宾馆健身或俱乐部形式出现的，大部分只对住店的客人和私人俱乐部会员开放，收费也较高，如北京凯宾斯基饭店健身中心壁球馆参考价格 110 元/小时。星级的场所和费用，使老百姓难以普遍参与。二是在众多体育项目中，新闻媒体对壁球的关注还不够，宣传力度还不强，由此，老百姓对壁球知之甚少。

要改变这一现状，需要政府有关部门与社会力量的共同努力。在政府层面，实际上对于壁球项目的推广工作已经列入国家体育总局小球运动管理中心的议事日程上。例如近期已在北京等地举办了全国壁球培训班，以期培养壁球运动员、教练员、裁判员，并通过讲解世界壁球运动的发展状况、比赛规则，抓紧培养和选拔我国的壁球人才。还要举行全国壁球公开赛，目的在于让更多的人了解此项运动，提高人们对壁球的认识和参与的热情。

由于起步晚，无论是从竞技水平还是普及程度上，我国壁球发展还会有一个较长的过程。但是，壁球毕竟是一项有独特健身效果和娱乐魅力的项目。因此，随着我国都市文化、体育生活质量的不断提高，一定会有更多的人从追求健康出发，希望参与到打壁球这项娱乐运动中来。此外，最近几年外国投资者对这个项目在中国的投资兴趣增加很快，国内有志经营壁球运动的人也在增加。因此，要想搞好壁球场地设施的经营管理首先应从培育市场着手。只有使壁球为更多人熟悉了解之后，才能推动整个行业的发展。

第二节　现代管理理念下的休闲体育企业

管理研究

一、目标管理的方法

目标管理就是运用事先制订好的目标来进行管理活动的方法。如何运用好目标管理，需要做好以下工作。

（一）制定科学合理的目标

休闲体育企业各层次管理者在不同时期对各项工作都应制定明确目标。高层管理者应制订长远目标，即企业的宗旨，如优质高效实现最佳企业效益和企业团结。基层管理者应制定各个阶段工作目标及实现目标的计划，如成本控制计划，员工出勤率计划等。

当然，制订的计划应考虑员工接受的可能性。为此，必须考虑被邀请参加计划制订的下属是否有参加的积极性，是否有相关的专业技术知识与经验。

（二）将制定的目标以各种形式传递给下属

使他们懂得休闲体育企业远期和近期目标以及目标制订的要求，目标确定的标准和各层目标的连接方式等。

（三）将目标管理工作落到实处

在上述基础上，要脚踏实地地施行相关措施，不要徒有形式。

二、标准化管理的方法

休闲体育企业是提供服务的企业，因此，一切服务都应强调程序化、质量标准化、工作制度化。可以要求每个职工随身带一本工作记录手册，随时对照检查自己的工作职责、工作范围以及完成任务的情况。

如检查自己是否已经达到了服务质量标准，是否已经具备了承担该项工作的知识技能和实践技能。并要求所有职工都要按照标准，按照程序，按照规章要求去做，不得随意更改。

三、统一领导的管理方法

休闲体育企业必须设立统一的规章制度和严格的服务标准，各层次管理者都必须严格按照企业制度的整体目标和有关规章制度去工作，不得擅自做与企业统一目标相违背的事情。要服从统一领导，严格控制成本费用，不准随意购买大型服务设施，一切要经体育企业领导班子集体决议、审批，以确保企业各级领导和员工行为的同一性。

四、重视人才和智力投资的管理方法

高薪聘请管理人才是许多企业成功的经验。现在社会，休闲体育企业同其他企业一样，同类企业的竞争，尽管表现形式是多方向的，如服务质量的竞争，管理水平的竞争、客源市场的竞争、价格的竞争等，但归根到底是管理人才的竞争和企业职工素质的竞争。

人才是企业的支柱，有了人才就会有良好的发展潜力，有了人才就会不断提高企业的工作效率，有了人才就意味着企业在市场竞争中具有了更大的获胜概率。人才是企业的发展的基础，是企业的一切。所以，休闲体育企业只有依靠"人"这一宝贵资源，并充分发挥其潜力，才能兴旺发达。

五、通过顾客监督和评价企业服务质量的管理方法

休闲体育企业应制定一份详细的顾客评定休闲体育企业服务质量调查表，通过这一调查表了解和反映服务质量。假如企业某一部门顾客的投诉达 50%，这就说明该部门必须停业整顿，该部门经理应该被解除职务。这种方法可使企业有针对性地改进管理工作，提高服务质量。

六、全员参与管理的方法

每个人都有参与集体、关心集体、实现自我价值的需要。休闲体育企业管理者应充分利用员工的参与意识，让员工为企业经营管理献计献策，发挥其创造力，给企业带来最大的经济利益。

例如，每一位员工对发生在休闲体育企业中任何人身上的过失，均有

权向上级反映，每一位员工均有权就本部门或企业的经营与管理提出口头或书面建议。

第四章　休闲体育营销理论

当今世界，体育的演进已在传统的健身功能上显现出休闲态势。随着人们生活水平的逐渐提高，体育意识的不断增强，休闲体育开始走进人们的生活，休闲体育市场显示出极大的发展潜力。在市场竞争日趋激烈的局势下，休闲体育产品与其他产品一样，必须根据市场需求的差异性进行市场细分，选择恰当的目标市场，通过整合产品、价格、分销、促销这四大营销组合要素来满足消费者的需要，同时充分发挥赞助商的作用，为体育筹集资金，以实现休闲体育在社会中的推广与普及。

第一节　休闲体育市场的认识与目标市场的选择

一、休闲体育市场及其分类

（一）休闲体育市场的含义

市场是商品交换的场所。通常，市场是根据所交换的商品的用途和特点来划分的。休闲体育市场的交换对象是满足人们休闲运动需要的各种有形产品和无形产品（服务）。因此，休闲体育市场是指休闲体育有形产品和无形产品交换的场所以及交换关系的总和。休闲体育市场具有三方面的含义。

首先，狭义的休闲体育市场指的是休闲体育产品交换的场所，即买卖休闲体育有形产品和无形产品的场所，如消费者在闲暇时间观赏和参与体育活动或购买运动服装鞋类的场所。

其次，从经济学的角度来看，市场体现了商品的供求关系，是商品交换活动和交换关系的总和。相应地，广义的休闲体育市场就是指休闲体育有形产品和无形产品交换活动和交换关系的总和。

再次，从营销学的角度来看，市场是"具有现实的或潜在的需求、购买欲望和货币支付能力的个人或组织"。根据营销学中市场的这一含义，休闲体育市场就是指个人或组织对休闲体育有形产品和无形产品的既有购买欲望又有货币支付能力的现实和潜在的需求。

（二）休闲体育市场的类型

按产品形态来分，休闲体育市场可以分为休闲体育用品市场和休闲体育服务市场。

按功能来分，休闲体育市场可以分休闲体育用品市场、竞赛表演市场、健身娱乐市场、旅游市场、培训市场等。

1. 体育用品市场

休闲体育用品市场是指以休闲体育用品为交易对象的市场。休闲体育用品具体指的是满足人们休闲运动所需要的食品、饮料、服装、鞋类、器材、用具、场地等。随着人们生活水平的不断提高，人们健身意识的逐渐增强，我国体育用品市场非常活跃。一方面，一些国际品牌为争夺高收入消费者展开激烈的营销攻势；另一方面，国产品牌稳步成长，拥有大批的消费者。随着全民健身计划的推广和实施，以及体育产业化、商业化步伐的加快，我国人民对各类休闲体育用品的消费还会进一步扩大，推动休闲体育用品市场持续稳定发展。

2. 竞赛表演市场

在体育竞赛市场中，交易的商品是观赏性体育竞赛，运动队、运动员是生产者，职业体育协会、俱乐部、媒体是经营者和经销商，观众是购买者。

以美国体育竞赛市场为例，20世纪80年代中后期，美国成年人平均一年有8次到现场观看各种比赛，且观众人数呈逐年上升态势。大市场造就了大产业。20世纪80年代初，美国职业体育的总收入约30亿美元，到20世纪90年代中期，就已突破了70亿美元，达到了相当高的发展水平。

我国体育竞赛市场呈现出巨大的发展潜力。20世纪90年代以来，足球、篮球、排球、乒乓球等运动项目的职业联赛为人们提供了高水平的观赏性体育竞赛，并创造了巨大的商业价值，尤其是足球、篮球职业联赛的发展让人们看到了体育竞技的巨大市场潜力。

3. 健身娱乐市场

体育健身娱乐市场为人们提供参加体育活动所必需的体育器材、场所、技术指导等服务，这些服务可以满足人们强身健体、娱乐消遣、社会交往等需要。

随着我国人均收入水平逐年提高，体育健身娱乐市场得到了长足的发展。除了篮球、排球、足球、羽毛球、乒乓球、游泳等传统运动项目外，健美操、瑜伽、保龄球、网球、高尔夫、滑雪等体育活动广泛受到人们的喜爱。随着健身娱乐活动需求的蓬勃发展，我国体育健身娱乐市场上涌现出一大批经营规模较大、档次较高、具有一定社会影响力的健身企业。

4．旅游市场

体育旅游市场最基本的特点是将体育活动与旅游活动相结合。体育旅游是一种新兴的、时尚的、具有刺激性和趣味性的休闲体育产品。体育旅游主要包含的类型有滨海度假型、高山探险型、高空冒险型和冰雪运动型。

5．培训市场

体育培训市场以各种体育培训服务作为交易对象。改革开放以来，以体育有偿培训为特征的体育培训市场发展迅速，经营体育培训的机构和俱乐部遍布全国各大城市，培训的项目繁多，比如，游泳培训、篮球培训、足球培训、羽毛球培训、乒乓球培训、网球培训、轮滑培训、武术培训、体育舞蹈培训等体育项目的业余培训。各年龄段的消费者都可以通过体育培训提高运动技能，青少年和儿童是推动体育培训市场发展壮大的重要力量。

二、休闲体育目标市场的选择

休闲体育市场是一个综合市场，在对其进行开发时，管理者要根据经营目标和自身的特点，对市场进行针对性的划分，锁定合理的目标市场。

（一）休闲体育目标市场策略

休闲体育目标市场策略分为三种：无差异策略、差异性策略和集中性策略。

1．无差异策略

无差异市场策略就是将市场看作一个统一的整体，不考虑实际消费中各个领域存在的差距，以此为指导向市场和消费者提供商品，以单一的产品覆盖尽可能多的消费者，满足更多人的需求，比如城市马拉松比赛。

无差异市场策略的经济学依据是成本控制理论。在单一产品下，企业能够最大限度控制经营运作的成本。单一产品项目之所以能够节约成本，不仅是因为产品开发上的成本缩减，还因为单一产品项目的市场调查、市场宣传和促销费用大幅度减少。但这种策略的缺陷也很明显，即只能使用需求广泛、同质性高的产品，并且会面临激烈的竞争。

2. 差异性策略

差异性市场策略是指将休闲体育市场细分为不同需求的子市场。企业通过对市场需求的精准把握，来组织和研发新的休闲体育项目。这种方法需要企业针对每种市场设计不同产品，制定不同的宣传、营销策略才能最大限度地保证目标的实现。差异性策略既有优点也有缺点，具体如下。

（1）差异性策略的优点。休闲体育采用差异性市场策略主要具备以下几个优点。

首先，产品的种类相对丰富，产品组合方式灵活多样，并且能够精准地面向消费者的需求。

其次，差异性策略营销的机构设置相对分散，这能够在一定程度上增强企业抵御市场风险的能力。

最后，某一个项目在某个单项市场获得成功，会为企业积累良好的美誉度和企业信誉，对于其他市场的项目表现有很好的带动作用。

（2）差异性策略的缺点。休闲体育采用差异性市场策略的不足之处主要有两点。

增加成本。由于差异性策略的产品种类多，每种产品都要有针对性地进行市场开发与推广销售，因此企业的营销成本会大幅度增加。此外，在市场需求的满足上，企业产品的设计和制造周期延长，增加生产成本。

分散休闲体育优势资源。每个企业都有自己突出的优势，如果项目过多，产品分散，企业的优势很难发挥出来。如果将资源集中用在某一两个项目上，又会增大风险。

3. 集中性策略

集中性市场策略是指集中力量，对一个或者几个市场进行集中性突破，以这几个市场的成功带动其他项目的发展。集中性职场策略的核心思路是在集中的市场上取得成功，占据比较大的竞争优势，然后以此为基础向其他市场辐射。集中策略的优势主要体现在能够充分利用企业的资源，集中力量和优势资源在市场上取得成功，这无形中增大了成功的概率。集中性市场策略的局限性主要有两个。

（1）企业集中突破的市场，在总市场中占据的份额较小，体育机构的设置易受到影响。

（2）风险较大，由于将优势资源和资金都集中在有限的市场中，一旦市场出现变化或者营销失败，对企业的影响较大。

（二）选择目标市场策略时要考虑的因素

不同的市场策略有不同的特点，在实际运用中企业需要根据企业的状况，科学选择目标市场策略，才能取得成功。一般来说，影响企业目标市场策略的因素主要有以下几个。

1. 休闲体育机构的资源或实力

如果企业在产品研发、市场营销以及财务运作上实力强劲，可以综合使用不同的目标策略；如果企业的资源或者实力不强，可以通过集中优势资源，对目标市场进行冲击，取得成功的概率相对较大。

2. 产品相似性

如果某种休闲体育产品是一种大众化项目，市场上存在多种同质化产品，那么竞争的焦点必然会集中在价格上，这种情况企业应该通过开发新市场需求，利用差异化的市场策略来赢得竞争。

3. 市场同质性

市场同质性是指不同细分市场对产品的本质需求是相近的。比如消费者消费习惯、价格接受程度等要素，无论在哪种市场上都存在一定的相似性，这种情况下企业要综合使用差异性策略与无差异策略，一方面保持自己传统项目的优势，另一方面积极开发新市场，通过差异化策略获得优势。

4. 产品所处生命周期的不同阶段

产品处于不同的引入时期，竞争的激烈程度不同。产品刚进入市场竞争较小，但销售难度较大；产品进入市场开发成熟期，竞争对手增多，竞争压力增大；产品处于衰退期，为了更好地保持自己的市场优势，可以利用集中性策略对产品进行营销、推广。

5. 竞争者的目标市场策略

休闲体育机构在进行目标市场策略选择的时候，要充分考虑竞争对手的市场表现。如果竞争对手实力强劲，采用无差别策略进行市场推广，企业可以集中优势资源采用集中性策略；如果对手实力较弱，且市场表现一般，可以采用无差异性竞争策略，降低成本。

6．竞争者的数量

当市场上同类产品较少时，竞争相对平缓，企业可以相对轻松地在市场上占据一定的份额，并可以相对轻松地控制竞争成本。当市场相对成熟，竞争对手增多时，企业需要集中优势资源保持自己在市场上的占有率，这时企业的竞争成本将增加。

第二节　休闲体育营销的基本策略与技巧

休闲健身企业或中心的营销人员应很好地理解营销活动中的每一个步骤，以及其中的营销技巧。销售步骤和销售技巧只是从业人员成功的两个工具。有效地利用这些工具的途径就是将其融入从业人员的个性中并且向顾客展示。

一、营销调研技巧

营销调研是指对与营销决策相关的数据进行计划、收集和分析，并将分析结果同管理者沟通的过程。通过营销调研可以掌握有关消费者、公众、竞争者以及其他环境因素的各种有用信息。

（一）营销调研的重要性

营销调研具有以下三种功能。

1．描述功能

描述功能是指收集并陈述事实。在经营中描述功能是对某个既定项目的结果所进行叙述，比如企业广告播出的效果如何就可以通过调查得到结果。

2．诊断功能

诊断功能是指解释信息或活动。诊断功能能够发现企业经营或者产品定位上存在的问题，比如包装对销售的影响就可以通过营销调研得到的数据进行进一步的分析，从而得出结论。

3．预测功能

预测功能是指营销能够预测企业在未来经营中的市场变化，这是企业进行生产调整的依据。严密的营销，必须经过全面的市场调查，而市场调查是企业进行预测的基础。

由于具有上述功能，营销调研对经营的重要意义就在于：实现对质量和顾客满意的不懈追求；有利于留住现有顾客；有利于管理人员了解持续变化的市场。

（二）营销调研的类型

按调研目的不同，营销调研可分为以下三种。

1. 探索性调研

当管理者感觉到营销中存在问题，但对问题的性质或范围不甚明确时委托营销人员进行的调研，通常属于探索性调研。

2. 描述性调研

这是一种对客观情况进行如实描述的调查研究，回答诸如消费者需要购买的物品、购买时间、购买地点、购买方式之类的问题。

3. 因果性调研

这是调查一个变量是否引起或决定另一个变量的研究过程，其目的是识别变量之间的因果关系，也就是回答一些有关"为什么"的问题。

（三）营销调研的程序

1. 确定问题及调研目标

为了有针对性地进行市场调研，避免盲目行动造成的人力、物力、财力浪费，必须首先找出需要解决的问题及其关键所在，确定问题及调研目标。探索性调研的目标是收集初步信息以便提出问题和假设；描述性调研的目标是对诸如某一产品的市场潜力或购买某产品的消费者的人口与态度等问题进行详细表述；因果性调研的目标是检验假设的因果关系。

营销者通常以探索性调研为开端，然后做描述性调研或因果性调研。调研问题与目标的表述指导整个调研过程。营销人员应将这一表述做成书面材料。

2. 制订调研计划

接着要求制订一个收集所需信息的最有效的计划，来有效地开展收集所需信息的活动。在批准调研计划之前，企业需要估计该调研计划的成本，如果成本大于因调研所带来的预计收益，那么就应拒绝。调研计划应该简述现存信息的来源、调研方法、接触方式、抽样计划和调研工具等。

（1）资料来源。为满足营销人员的信息需求，调研人员可以收集第二手资料、第一手资料或者两者都要。第二手资料就是在某处已经存在并已经为某种目的而收集起来的信息，而第一手资料则是为当前的某种特定目的而收集的原始资料。调研人员通常从收集第二手资料开始调查工作，并据此判断他们的问题是否已经局部或全部解决，以免再花代价去收集第一手资料。调查者必须仔细判断第二手信息的价值以确保其相关（适合调研计划的需要）、准确（可靠地收集与报告）、及时（为最新的资料以便作出当前的决策）及公正（客观地收集与报告）。

（2）调研方法，包含以下几种。①观察法。观察法是通过记录被调查者当前行为的类型和过程、现状、追求的目标等方面来收集原始资料的调研方法。观察法不要求被调查者配合交流，也不要回答问题，有时被调查者并没意识到在被观察。调查者可以通过观察许多行为与对象来获取有关的营销信息；观察法具有写实的特点，可以不受干扰地反映真实情况，不易受主观思想、地位、金钱及偏见等影响；观察法可用于获取人们不愿或不能提供的信息。②询问法。询问法是收集描述性信息的最佳方式。企业如果想了解人们的知识、态度、偏好或购买行为，往往可以通过直接询问来获得答案。询问法是收集原始资料中使用最广泛的一种方式，而且常常是一项调查研究的唯一方式。③实验法。实验法是指在一个特定的环境中，通过改变某一种营销变量的强度来观察其他选定变量的对应变化程度的方法。如果说观察法适合于探索性调研而询问法适合于描述性调研的话，那么实验法最适合于因果性调研。

（3）调研工具。包含以下几种。①调查表。调查表由向被调查者提问并征求回答的一组问题所组成。它是收集第一手资料的最普遍的工具。良好的调查表应具备下列三项条件。第一，能达到市场调研的目的。即将调研目的以询问的方式具体化、重点化地列举在调查表上。第二，促使被调查者愿意合作，提供正确情报，协助达到调研目的。第三，正确表达调查者与被调查者的相互关系。在调研过程中应该注意：避开隐私性问题，避免使用模糊词语，不要过分精确，不要出现组合问题，不要设计带倾向性的问题，不要咬文嚼字，不要过于专业化，要便于调查者统计整理，要切合被调查者的特点等。②仪器。仪器在营销调研中使用得较少。例如：电流计可用于测量被调查者在看到一个广告或图像后所表现出的兴趣或感情的强度；眼球照相机是用于研究被调查者眼睛活动情况的，它观察被调查者目光最先落在什么地方，在每一指定的项目中逗留多长时间等。随着科技的迅速发展，诸如皮肤传感器、脑电波扫描仪等都被用于获取顾客的反应。

（4）抽样方案。调研人员在确定了调研方法与工具后，必须设计一个抽样方案，它包括以下三个方面。①抽样单位。向什么人调查？调研人员必须确定抽样的目标总体，目标总体准确才能保证调研方向的准确性，保证调研效果符合研究需求。②样本规模。调查多少人？大规模样本比小规模样本的结果更可靠。样本的规模关系到调研工作的工作量和调研结果的准确性。调研人员要找到这二者之间的平衡点，科学确定样本规模。③抽样程序。如何选择被调查者？抽样程序可分为概率抽样和非概率抽样，不同的抽样方式得到结果的侧重点会有所差异，因此采用哪种抽样方式进行抽样，要根据调研目的确定。

（5）接触方法。包含以下几种。①邮寄调查表。邮寄调查表是在被调查者不愿面访或调查者会曲解其回答时可以采用的最好方法。但是，邮寄的调查表需要简单清楚，其回收率低，回收速度也慢，效果受到一定程度的限制。②电话访问。电话访问是快速收集信息的最好方法，这种访问还能够在被调查者不明确问题时予以解释。但只能访问有电话的人，访问的时间必须比较短且不能过多地涉及个人问题，否则不仅难以达到自己的采访目的，还会引起被调研对象的反感，给自己的工作带来困难。③面访。面访是最通用的方法，调查人员能够提出较多的问题和利用个人观察来补充访问的不足。面访是成本最高的方法，也容易受到调查人员的影响而产生偏见或曲解。面访有两种形式，即约定访问和拦截访问。约定访问的调查对象是随机挑选的，通过付少量的酬金对被访者花费时间接受访问表示感谢；拦截访问是在商店或闹市街头拦住行人要求访问。④互联网访问。企业可以把调查问题放到自己的网页上，同时给回答问题者一定奖励；或者在人们经常浏览的网页上设置横栏广告，并实行有奖回答；企业也可以创立一个聊天室或 BBS，引入一些问题；还可以进行虚拟集中小组座谈。通过跟踪个人怎样在网站间移动浏览，企业可以了解浏览网站的顾客的信息，并通过对这些信息进行分析，得出顾客的需求。

3．实施调研计划

这一步骤是按照预订计划和所设计的调查方案，具体实施收集信息的各项工作和细节。这一阶段的实际工作量最大，支出费用最高，且最容易出错。主要包括根据调研任务和规模要求建立调查组织或聘请专业调查公司，训练调查人员，准备调查工具，实地开展调查。

4．分析调研资料

营销调研的重要目的，是从所收集的信息或数据中提炼出有用的结果。这就要求把收集来的信息进行整理、分析。工作主要包括：检查资料是否齐全；对资料进行编辑加工，去粗取精，找出误差，剔除前后矛盾处；对资料进行分类、制图、列表，以便于归档、查找、使用；运用统计模型和其他数学模型对数据进行处理，以充分发掘从现有数据中可推出的结果，在看似无关的信息之间发现内在联系。

5．提出调研分析报告

调研的目的显然不是让大量的统计数字、表格和数学公式搅乱决策者的头脑，而是要对决策者关心的问题提出结论性的建议。正规的营销调研必须就它所研究的结论提出正式的报告。报告力求简洁、准确、完整、客观。报告提出后，调研人员的工作并未结束，他们还需跟踪了解该报告的建议是否被采纳。如果没有采纳，了解是因为什么原因；如果采纳了，了解实际效果如何，并根据实际情况进行一定的补充和修正。

二、 描述顾客

描述顾客是对顾客的有关信息进行收集与判断的过程。要想描述顾客，需要通过提问的方式收集一般信息、健康状况和健身目的等。

（一）一般信息

营销人员一般从提问基本问题开始，这些问题将揭示顾客的背景资料。通过提问，了解顾客在生活方式等方面的情况。这类问题比起其他问题来说趋于大众化，不会令顾客过于激动。以这些问题作为开始，将使顾客感觉到自在，同时也有助于谈话更快深入下去。

（二）健康状况

描述顾客的中心以考察顾客的健康史为主要目的。这部分问题将有助于明确顾客的饮食习惯和健康状况，同时也有助于了解顾客对健康和锻炼的重视程度，以及以往练习效果不佳的原因。

（三）健身目的

每一名顾客都因为一个不同于他人的原因而来到休闲健身中心。休闲健身企业必须了解顾客的健身背景和想要达到的健身目标，应重视顾客的健身目标和他们的特别需求。通过对顾客的询问发现顾客对练习项目的期望值及原因，发现顾客的欲望。

（四）顾客的目标和动机

任何一个想要说服顾客马上开始实施休闲健身计划的营销人员都会提出两个问题："顾客的目标是什么?""是什么原因促使他或她今天为了实现自己的目标而来到我们的健身中心?"当你对顾客的具体目标、动机了如指掌时，你就为一次成功的营销打好了坚实的基础，也具备了促使顾客达成交易的基本条件，从某方面来说你已经掌握了促成交易的主动权。

1. 目标

第一步就是必须告诉顾客健康能够帮助他们实现自己的目标。顾客会用不同的方式告诉你他们的目标是："我需要减肥。""我想使自己看起来更苗条。""我不希望自己身材臃肿。"

但是，当别人告诉你他们的目标时，并不意味着他们真的会采取某种措施。促使人们立即采取行动来解决问题或满足个人需求的根本原因是一个人的情绪。当这些问题给他们带来越来越多的苦恼或者这种个人需求变得越来越迫切的时候，情绪上的波动会使他们愿意采取某种措施来改变这种状况。

2. 动机

营销人员有必要找出顾客期望实现自己的目标的根本原因，我们把这种原因称为动机。人们休闲健身的一些动机是成功、金钱、地位、赢得他人的喜爱、美丽的外表、健康、自尊等。

三、报价技巧

（一）扼要陈述

扼要陈述的阶段应一对一，最好是在接待室。陈述时，需要使客户的注意力高度集中,这样才能帮助他们想象。为鼓励客户认同某种训练项目,扼要陈述是重要的一步。休闲健身企业宣传册是一个工具,内容包括:有关企业的信息;休闲健身中心的地址;个人培训项目信息;营养信息和研究项目;关于描述健身过程效果的几个阶段;新成员拓展训练信息等。

在介绍健身中心时,必须把中心的各个项目的特点和益处与客户的目标和动机联系在一起,这样才能把客户感兴趣的内容说得详细些。此时可以讲述健身过程及效果,它一般分为下列五个阶段。

1. 初始阶段

在开始的几个星期内,新顾客将学习适当的运动技能,并得到最好的结果;对锻炼项目感到舒心;改善学习态度;为新生活周期开始而兴奋等。

2. 成效阶段

两个月以后开始进行"标准化"锻炼,大多数顾客能够达到特定的目标,如协调性增强,肌肉形状改变,围度增加;适应了常规的测试,同时安排不同的更具挑战性的活动使测试多样化;看到成效并自我感觉更好等。

3. 维持阶段

他们每周至少安排两到三次的时间进行锻炼,使他们继续保持理想的身体条件;增加测试的多样化,更新他们锻炼的项目;测试并进行有规律的锻炼,使之成为健康生活方式的一部分等。

4. 创造愿景阶段

为吸引客户并诱发客户的想象力,要创造出一个愿景并植根于客户的头脑中,即一个当他们完成目标后将感觉到的愿景。

5. 得到承诺阶段

在结束和报价开始之前,还需要问一个试探性的问题,来确定是否准备成为会员。例如,中心拥有您所需要的一切来帮你达到想要的效果,那么您能告诉我什么时候可以开始健身练习吗?这样做的目的是帮助客户想象自己在塑身后的形象,让他们想象每一阶段的感受,从而知道如何更加健康。

(二)报价环境

报价是营销的关键环节之一。报价不是随便讲个"价钱",而需要有良好的环境，充分的准备。下面是有效报价程序的建议：保持办公室的整洁；确认办公室里备有笔、纸和宣传册；办公室里应提供营养方面的信息，新成员资料的文件夹，健身产品的计划表，规则和制度等。

（三）报价步骤

1. 介绍产品

首先进行区分，特别关注消费者的需求和体征，对可能成为会员的消费者，介绍会员资格及提供的服务产品。

2. 选择付款

表述付款条件的时候要做到清晰明确，否则，顾客无法选择付款方式。为使你的顾客清楚你的报价，你要口头表述报价单上的下列信息：预付定金、每月付款额、年付款等。

3. 结束报价

在报价完成后，提出一个问题，例如：您更喜欢哪一种选择，选项A还是选项B?提问题时声音应该清晰有力，充满信心；提出问题后，暂停并等待回答。如果客户要花点时间考虑，不要感到不安。

（四）报价结束后

当客户被问到他们更喜欢哪一种选择时，有四种典型的反映。

1. 选择

客户一做出选择，应该马上肯定他的决策并欢迎他加入。下一步是售后服务。这时需要耐心对顾客的疑虑进行解答，使他们能够没有顾虑地选择自己的产品，促成交易。

2. 沉默

有时客户不会马上回答。在客户完成思考之前，不要打扰他，给他一定的时间去思考。在权衡之后顾客会给出自己的答案。如果这时销售人员还不停地向顾客兜售自己的产品，会适得其反，会引起顾客的反感。即使顾客有消费冲动，也会对喋喋不休的推销感到反感，从而打消购买欲望。

3. 提问

在提出问题以后，客户可能经常会问一些问题。例如："你什么时候还有时间?"我想预订一个场地，要提前几天？"可以直接回答，也可以提出另一个问题澄清客户的问题。

4. 担忧

担忧是客户对开始锻炼而产生的犹豫情绪，这时候一定要耐心引导顾客，激发他们对运动和锻炼的热情，让他们树立坚持锻炼的决心。

四、处理消费者担忧技巧

客户在完成购买行为以前，经常会因为这样或那样的原因而表现出担忧。因此，处理客户的担忧是任何销售过程的常规组成部分。如果能在报价结束前，处理客户的担忧当然很好。但是，还要学会如何处理在报价结束后的担忧，这样才能成为一名合格的销售人员。

当结束报价后，客户会有各种类型的反应，担忧是最普遍的。客户有时候会表达一种明确的担忧，有时候则会含糊其词。明确的担忧一般这样表达："我想考虑一下，因为我不知道自己能否坚持一个锻炼项目。"当客户觉得告诉对方担忧什么是一件不舒服的事情时，就会含糊其词。当听到含糊回答时，应弄明白客户担忧的原因，并采用有效的方法处理。

（一）含糊其词

客户　"含糊其辞"有几个原因：客户在第一次被要求采取行动时，曾经考虑要拒绝；没有时间考虑决定；也有客户不喜欢向营销人员说明他们真实的担忧等。另外，还需要考虑担忧的内容。

1. 时间

一个客户担忧是否有时间锻炼，可能会说："我没有时间。"这时不要着急，要站在客户的角度考虑问题，耐心解释锻炼、健身的好处，让顾客明白花费时间在自己健康上是一种正确的选择。

2. 配偶

客户经常想和自己的丈夫（妻子）或其他人讨论如何决定。一个想和其他人讨论后再做出决定的客户，也许会说："我需要和我的男朋友／女朋友商量一下。"这时不要打扰顾客，让他认真考虑一下，给顾客决策的时间和自由，充分体谅顾客才能达成交易。

3．承诺

客户通过各种方式传达对做出决定的担忧："我想先试一试，看看我是否能继续坚持锻炼。"这些顾客其实拥有相当强的消费欲望，这时应该抓住顾客的担忧点，耐心消除他们的疑虑。

4．金钱

如果客户对金钱没有准备，对钱的担忧就会出现。客户会说："你们有没有便宜一点的?"这时销售人员要站在顾客的角度，根据顾客的消费能力为其考虑合适的项目，使其能够在自己的消费能力之内得到相应的服务。

（二）处理担忧的方法

1．完整地倾听

全神贯注地倾听客户述说担忧，判定他们的表述是属于含糊的表述还是明确的担忧。客户经常表达不止一种担忧，最后一个表达的担忧往往是最重要的一个。如果因为匆忙回答而干扰了他们，就不能发现客户真正的担忧，从而找不到说服客户消费的切入点。

2．表示理解

倾听完后，先要表示理解。一种表示完全理解的表述，是对客户讲述情况和感觉的一种复述，让顾客感觉到你并不是为了推销而推销，而是针对顾客的需求进行推荐。这时销售人员需要敏锐发现顾客的需求，针对他们的需求组织自己的语言进行表达，并给顾客思考的时间。

3．提出问题，阐明顾客的担忧

（1）孤立顾客的担忧。使用封闭性问题得到肯定或否定的回答，使顾客的担忧孤立起来。例如："您说的是。阻止您开始一个锻炼项目的仅仅是资金问题，对吗?"

（2）阐明担忧。在阐明担忧时，给顾客一个选择，判定他们真正的担忧，可以使用封闭性问题让顾客做选择。

4．提供信息

在提供信息时，有两种方式可以选择：一是回到简介阶段，二是提供新的信息。

（1）回到简介阶段。回到简介阶段，提供与顾客的目标、强烈欲望相关的信息，目的是刺激顾客的消费欲望。

（2）提供新的信息。顾客可能需要进一步知道当他们成为中心会员后会有哪些服务项目；顾客还可能会担心到中心锻炼的时间与他们的时间表发生冲突等。对于这些情况，必须提供新的信息来消除顾客的顾虑。

5. 结束话题

在对顾客的疑虑做出答复之后，必须结束这个话题。可能需要使用一种试探性的结束语来了解顾客对你的观点的态度。例如，"每周进行两至三次，每次 60 分钟的锻炼，您就可以保持一周精力充沛，是不是很不错?"如果顾客的回答是"是"，便可以结束当前的话题。在销售过程中，要习惯不止一次使用试探性结束语。当试图结束谈话后，不要再讨论其他任何问题。

第三节　休闲体育赞助与赞助体系分析

一、赞助的概念和分类

国内一般对赞助作这样的界定："赞助是指企业（赞助者）和公益组织、机构及个人（被赞助者）之间以投入（资金、实物、技术、服务等）和回报（冠名、广告、专利和促销等）互惠的交换关系，是平等合作、互利双赢的商业行为。"休闲体育赞助是指由企业和体育组织之间以付出和回报的等价交换为中心开展的平等合作、共同获益的营销活动，也是体育组织、企业、中介机构、传媒和目标受众之间的商业互动过程。休闲体育的管理者应该从哲学的角度来理解赞助，即赞助必须是以交换理论为基础的。在赞助关系中，赞助商按照赞助合同向休闲体育主办机构提供资金、实物或服务，在主办机构许可下享有诸如活动冠名、标志使用、场地广告、媒体曝光等权利；主办机构则按赞助合同为赞助商提供场地广告、媒体曝光等各种服务。

根据不同的标准，赞助可以划分为不同的类型。按内容可以分为现金赞助、实物赞助、技术赞助、服务赞助等。按形式可以分为独家赞助和联名赞助。按对象可以分为单项赞助、多项赞助、冠名赞助等。除此之外，还可以根据赞助商所提供赞助金额的多少分为全额赞助与部分赞助；或者根据赞助商具体数量的多少分为单方赞助与多方赞助。赞助的类型选择是否得当，会直接影响赞助的效果。

二、休闲体育赞助的功能

休闲体育赞助的功能主要表现在对赞助商和主办机构的影响。

（一）对赞助商的影响

1. 提升赞助商及其品牌的知名度

休闲体育能够满足人们的休闲需求，有一大批忠实的参与者。近年来，随着人们健康生活理念的逐渐加深，人们对休闲体育的接受程度越来越高，休闲体育的参与人数逐年递增。在各种媒体和平台的宣传下，休闲体育项目日渐成熟，很多赞助商开始走入人们的视线，体育赞助商也在对休闲体育项目的支持中，得到了人们的关注。

2. 美化赞助商及其品牌形象

赞助商及其品牌形象主要是人们对经营要素和市场要素的综合评价。赞助商的商品形象对其开展各种商务活动具有很强的促进作用，在品牌形象的支持下，企业可以迅速开展各项业务，在市场获得一席之地。品牌形象作为一种无形资产，对企业的发展具有重要的促进作用，在休闲体育项目发展的过程中，体育赞助商要科学经营自己的品牌形象，形成品牌效应。

3. 充当赞助商与潜在顾客沟通的平台

体育赞助商的赞助对象群体比较广，赞助商除了赞助与自己经营项目相关的体育项目之外，还要适当对其他项目进行赞助，扩大自己在休闲体育领域的辐射能力和影响力，为企业的进一步发展奠定基础。

4. 赞助效益优于广告

对于赞助商来说，体育休闲项目赞助往往能够起到比其他领域赞助更好的宣传效应。传统的宣传费用高，传统传播模式存在一些不能克服的缺陷，受众的接受程度有限。赞助商在休闲体育项目向赛事举办方提供相应的服务和装备支持，能迅速引起人们的注意，扩大知名度。一项研究发现，70%的高尔夫球爱好者能回想起赛事的赞助商，而他们中只有40%的人能回忆起在赛事进行期间播放的电视广告。

5. 凸显赞助商实力

赞助商是分级别的，在多家赞助商参与的项目中，高级别赞助商出现的机会较多，也更能够引起人们的注意。有时候在某些排他性较强的休闲体育项目当中，比赛或者项目活动只有一个赞助商。赞助商对休闲体育项目进行赞助的过程，其实也是在展示自身的实力，赞助行为会在不知不觉中影响到消费者，吸引他们消费自己的产品。

比如，北京冬奥组委会发布的《北京 2022 年冬奥会和冬残奥会经济遗产报告（2022）》中显示，除去 13 家奥林匹克全球合作伙伴，北京 2022 年冬奥会签约了 45 家赞助企业，其中官方合作伙伴包括中国人民银行、中国国航、伊利集团、安踏公司、中国联通、首钢集团、中国石油、中国石化、国家电网、中国人保、中国三峡等 11 家企业；官方赞助商有青岛啤酒、燕京啤酒、金龙鱼、顺鑫农业、文投控股、北奥集团、恒源祥、奇安信、猿辅导、百胜中国、盼盼食品等 11 家企业。彰显了这些企业的实力。

6．激励赞助商内部员工

对于赞助商来讲，体育休闲赞助不仅具有经济效益，还具有很好的社会效益，能够增加人们对企业的好感度，对其树立品牌形象具有很好的促进作用。另外，企业员工在赞助过程中可以参与到活动当中，使他们更深层认识体育休闲活动，帮助他们更好地开发产品，更有针对性地满足人们的需求。

（二）对主办机构的影响

1．获得运营资金

休闲体育的赞助收益是主办机构获得运营资金的重要来源之一，有助于解决其经费不足的困难，为休闲体育的顺利举办提供了重要的资金保障。

2．树立良好的社会形象

过去，休闲体育面临的一个共同难题是经营创收能力很差，主要依靠微薄的会费、捐赠和财政拨款，财务状况非常窘迫，社会形象自然无从谈起。而主办机构的社会地位上升到与赞助商家平起平坐、互惠互利，从而树立起良好的社会形象。

三、休闲体育赞助的特征

休闲体育赞助实质上是赞助商的资金或资源与主办机构的特定权力进行交换的过程，它不同于常规的广告、公关行为。体育赞助商的特征主要表现在以下五个方面。

（一）赞助的隐含性

休闲体育赞助是一种间接的广告传播行为，其诉求点隐含于赞助行为之中，赞助商通过赞助休闲体育进行广告传播，可以实现传统广告所不能完全表达的诉求信息。

（二）赞助的依附性

休闲体育赞助依附于休闲体育产品而存在。不同的产品会因其受众的不同、社会关注程度的不同而直接影响赞助的效果。

（三）赞助营销的整合性

休闲体育为赞助商提供了多种赞助形式，包括活动冠名、特许标志使用、场地广告、展览或销售摊位等。赞助商在采用多种赞助形式的同时，还可以结合广告、营业推广、促销和公关手段，取长补短，整合成包括各种营销手段的传播体系，扩大受众的范围，实现赞助目标。

（四）赞助受众的广泛性

现今，休闲体育正逐渐成为人们生活的重要部分，其健身、休闲、娱乐、社交等功能深入人心，受众范围不断扩大，任何国籍、种族、年龄、职业的人都可以参加。赞助休闲体育必然会大幅提升赞助商的广告受众范围。

（五）赞助的风险性

休闲体育赞助的风险性主要体现在两个方面。

一是赞助休闲体育往往要求赞助商投入巨额资金，但巨额资金的投入不一定会带来更多的销售收入，因此存在风险性。

二是赞助是一项极其复杂的商业活动，存在多种不稳定因素。如天气变化、突发事件等都可能直接影响赞助的效果。

四、休闲体育赞助的体系

休闲体育活动赞助体系是一个复杂的系统工程，想要深层认识赞助商，必须对赞助体系进行分析，从整体层面对体育赞助商进行研究。

（一）休闲体育的赞助体系

1．休闲体育主办机构

休闲体育项目的主办机构是体育休闲服务的提供者，是赞助商服务的对象。主办机构与赞助商共同构成了基本的供需体系。主办方是赛事或者活动的组织者，项目的赛程、赛制、时间、地点等都是由主办方负责的，其在休闲体育项目活动的举办中具有举足轻重的作用。

2．赞助商

赞助商无偿为主办方提供资金或者服务支持，获取赛事的冠名权，是赞助体系的另一大主体。就目前来看，赞助需求大于赞助供给，赞助商在体育赛事的举办中很受欢迎。因此赞助商在赞助休闲体育赛事或者活动过程中，可以合理提出要求，对自己的品牌进行宣传。

3．体育经纪机构（中介）

体育经纪机构是为体育比赛提供各种需求服务的机构。在体育经纪机构的辅助下，赛事主办方可以便捷地寻求相关服务，可以委托体育经纪机构寻找合适的赞助商。休闲体育经纪机构是在市场需求的刺激下产生的。由于赞助需求和赞助商二者是分离的，体育经纪机构能够依托手中的资源，将二者联系到一起，促成赞助项目。

4．传媒

传媒业也叫大众媒体。传统的大众媒体包括电视、报纸、杂志和广播，新型大众媒体主要是指网络平台。休闲体育项目在媒体的传播下，才能让更多人的知晓并参与其中。传播离不开媒体，因此媒体也是赞助体系中的重要部分。

（二）休闲体育赞助过程的管理

当今，面对激烈的竞争和日益复杂多变的休闲体育市场，主办机构必须精心策划并管理控制整个赞助过程。其管理过程大体可分为三个阶段。

1．第一阶段：分析外部环境

外部环境主要是指，从外部影响休闲体育项目赞助的因素，这些因素不是项目本身能够控制的要素，比如经济环境、社会环境和自然环境。

（1）经济环境。我们可以从微观环境和宏观环境两个方面来进行分析经济环境。微观环境主要是指企业或者项目开展地区的经济发展水平，这与参与者的参与度有直接的关系。经济发达地区参与程度要好于经济发展程度较低的地区，赞助商也愿意赞助发达地区的休闲项目。宏观环境主要是指整体经济发展状况。休闲体育产业的发展状况和赞助企业的发展状况，决定了赞助商是否愿意对休闲体育赛事进行赞助。

（2）社会环境。社会环境我们主要从文化角度考虑。如果一个国家或者地区的风俗相对保守，宗教影响力较大，那么休闲体育活动的接受程度就可能会因为这些要素受到影响，民众的参与程度难以达到预期水平，赞助商也就不愿意赞助一个没有发展前景的项目。

（3）自然环境。自然环境会给休闲体育市场造成影响。休闲体育的目的是帮助人们放松身心，强健体魄，如果项目开展地区的环境不好，人们不愿意参与到休闲活动中，那么项目开展的普及度也不会太高，赞助商也会因此而放弃赞助。因此，在开展休闲体育运动项目的过程中，一定要注意自然环境的改善。

2. 第二阶段：分析内部环境

这里所说的内部环境是指所有在休闲体育活动主办机构管理范围之内，并能影响赞助过程的因素。

内部环境分析的内容包括很多方面，如主办机构的组织结构、组织文化、资源条件、价值链、核心能力分析、SWOT 分析等。按休闲体育机构的成长过程，其内部环境分析又分为主办机构的成长阶段分析、历史分析和现状分析等。

（1）主办机构成长阶段分析。主办机构成长阶段分析即分析主办机构处于成长阶段模型的引入期、成长期、成熟期还是衰退期，然后有针对性地制订赞助方案。

（2）主办机构历史分析。主办机构历史分析包括主办机构过去的经营战略和目标、组织结构、过去几年的财务状况、过去几年的人力资源战略以及人力资源状况，包括人员的数量及质量等。

（3）主办机构现状分析。主办机构现状分析包括主办机构现行的经营战略和目标、组织文化、各项规章制度、人力资源状况、财务状况、活动项目研发能力、设备状况、市场竞争地位、市场营销能力等。

内部环境分析目的在于掌握主办机构历史和目前的状况，明确主办机构所具有的优势和劣势。它有助于主办机构制定有针对性的赞助策略，有效地利用自身资源，扬长避短，制订有效的赞助方案。

3. 第三阶段：管理赞助过程

主办机构对赞助过程的管理又可以具体分为以下三个步骤。

（1）制订计划，签订合同。该步骤首先通过策划，充分开发赞助资源，强调赞助效果与赞助金额的性价比；然后通过宣传与推广赞助方案，吸引企业、社团、营利性组织的关注，寻找和挑选合适的赞助商；最后，通过协商和签约，把赞助关系固定下来。

（2）合同执行，监督执行。建立执行机构，由专人负责赞助合同各项工作的筹办和实施，具体落实赞助商的各项权益，如场地广告牌的位置、产品专营摊点、媒体曝光频率等，并监督赞助过程的有序进行。

（3）反馈与总结，效果评价。休闲体育的赞助效果是指休闲体育赞助项目对赞助商、体育组织、目标受众和社会所产生的影响。对于赞助效果的测量主要是测量受众的心理效果和赞助商的经济效果。主办机构将测量结果与赞助前制定的目标相比较，总结赞助过程中的胜败得失，向赞助商提供一份详尽的赞助效果测定报告。通过反馈与总结，主办机构和赞助商在下一次合作时可以制定更恰当的赞助策略。

（三）休闲体育赞助的运作与执行

1. 制订赞助计划

（1）建立赞助执行机构。通常来说，赞助执行机构的规模是根据休闲体育项目的具体情况来定的。赞助商在决定对休闲体育项目进行赞助后，要建立相应的机构与主办方进行接洽，主办方也要成立专门的机构负责与赞助商对接。一般赞助商会由财务部门和市场部门组织人员组成执行机构，主办方会成立赞助事务办公室。

（2）拟定赞助目标。拟定赞助目标就是选择具体的赞助项目。赞助目标要简明，操作性强，并能够量化成具体的指标，便于执行与监督。拟定赞助目标，要对赞助的项目进行评估，保证赞助的品牌效应与宣传效应。

2. 选择并接触目标赞助商

想要寻找合适赞助商，要根据企业名录对企业进行归类，并对其经营状况分析其赞助欲望。对赞助商进行分析和归类的目的是充分了解企业，需求匹配度最高的企业寻求合作，以便促成合作。

接触目标赞助商是对赞助商的情况和赞助欲望进行深入的了解。在与客户接触之前需要做好相应的准备工作，并准备好一旦合作的后续措施，让赞助商感觉到主办方的邀请诚意。此外，主办方要合理掌握约谈的时机，并通过交谈对赞助商的需求进行深入的了解，从而制定针对性措施。

3. 签订赞助合同

一般来说，休闲赞助的协定主要有三个组成部分，第一是确认函，第二是协议书，第三是正式合同。前两种是草拟合同，并没有法律效力；第三种是正式的合同，受到法律的保护。在当前体育赞助合同的签订中人们对正式合同的认可程度越来越高。

4. 实施赞助过程

合同实施阶段，主办方工作的核心是实现对赞助商的约定条款。一般来说，在合同实施过程中，双方都会安排人对合同的落实情况进行跟进。主办方要提供准确的时间表与项目书，按照时间按部就班地实现合同条款。在我国体育赞助合同中，主办方不履行自己责任的情况并不少见，最终导致双方关系破裂，影响双方的合作和体育赞助项目的信誉。在依法治国的背景下，双方都要按照合同约定履行自己的责任，依法经营。

第五章 滨海休闲体育项目分析及
开展指导

　　滨海休闲体育运动丰富多彩，它在人类休闲、旅游、娱乐、运动中发挥着积极的作用，成为人类回归自然的健康的生活方式之一。休闲体育的灵魂是人文精神、人文关怀和人文价值。海滨休闲体育则是在碧海蓝天、金色沙滩、植被茂盛的环境下开展的，充分体现了海洋体育文化的特征，是人类休闲体育进步的体现。

第一节　沙滩休闲运动分析及指导

　　沙滩休闲体育运动，一般是指在天然的沙滩环境下开展的休闲、娱乐和体育项目。沙滩休闲体育是一种集休闲、娱乐和健身于一体的体验性休闲体育活动。沙滩休闲运动风靡全球，集竞技性、艺术性、观赏性和趣味性于一体，以其独特魅力备受人们的喜爱。它体现了人与自然的融合，满足了人们在现代生活中回归自然的需要，让人们既锻炼愉悦了身心又获得了在大自然中运动的乐趣。随着时代的发展，一些比赛项目向沙滩延伸，如沙滩排球、沙滩足球、沙滩手球、沙滩藤球、沙滩卡巴迪、沙滩搏击、沙滩摔跤等。此外，沙滩上还出现了沙滩跑步、沙滩阳光浴、沙浴、沙滩拔河、沙滩卡丁车、沙滩飞碟、沙滩风筝、沙滩篝火晚会等以休闲、健身、娱乐为目的的内容。人们尽情体味沙滩休闲运动的快乐时光，以缓解疲劳、放松心情。

一、沙滩体育比赛活动

（一）项目简介

1. 沙滩排球

沙滩排球是现在风靡全世界的一项休闲体育活动。沙滩排球起源于

20 世纪 20 年代的美国，主要是为了休闲娱乐。蓝天、阳光、沙滩等元素构成了一幅十分休闲的美图，随着大众休闲时代的来临，它逐步走向了世界，2V2，3V3，4V4 的玩法也逐步成熟起来。

2. 沙滩足球

早在 20 世纪 20 年代，在巴西里约热内卢的海滩上出现了沙滩足球活动。1993 年国际沙滩足球协会成立，1995 年沙滩足球世界锦标赛举行。最初的沙滩足球赛比赛形式是 11 人制的，直到 20 世纪 90 年代，为适应电视的转播，让比赛更为紧凑，开始推广五人制足球运动。

随着沙滩足球国际化和影响力的扩大，国际足联于 2005 年创办了第一届沙滩足球世界杯，从而把沙滩足球正式纳入国际足联的系列世界杯赛事之中。国际足联还在巴塞罗那特设了一个管理沙滩足球的机构，与世界沙滩足球协会合作推广沙滩足球。沙滩足球比赛除世界杯外，还有欧洲职业沙滩足球联赛、职业沙滩足球巡回赛、欧洲锦标赛、美洲联赛等。

近年来，沙滩足球以球员花哨的技术和海边的美景，成了欧美流行的一项休闲享受型运动，尤其是对年轻人有着非常强的吸引力。

3. 沙滩手球

沙滩手球起源于欧洲。近年来沙滩手球在世界各地发展迅速，爱好者经常自发组织比赛，在各大洲掀起了一股沙滩手球热。为更好地发展沙滩手球项目，国际手球联合会决定将此项赛事纳入正规的官方赛事。第一届国际沙滩手球比赛 1993 年在罗马举行，这是国际手联继室内手球赛后的又一正式国际大赛。从此沙滩手球运动在世界范围内迅速推广。国际手球联合会在雅典奥运会结束后隆重推出了沙滩手球世界锦标赛。

比赛双方各有 4 名队员上场（其中包括一名守门员）。队员通过跑、跳、传球等技术动作，将球投进对方球门。通常一场比赛分为上、下半场，每半场为 10 分钟。由于比赛场地是沙滩，球员奔跑起来十分困难，加上比赛的跳跃传球、射门的动作很多，球员经常在沙窝中展开争夺，身上沾满沙子，犹如"沙人"。这些都令比赛变得更加精彩刺激，有着非常强的吸引力。

（二）沙滩体育比赛的特点以及适用的人群

1. 对抗性

沙滩体育比赛活动，双方的攻防转换始终是在激烈的对抗中进行的。

高水平比赛中，夺取一分往往需要经过多次的交锋。水平越高的比赛，对抗争夺也越激烈。

2. 攻防技术的两重性

沙滩体育比赛活动，是多种技术都可以得分，也能失分的项目，这种情况在决胜局比赛中更加突出，所以说每项技术都具有攻防的两重性。因此，要求技术既要有攻击性，又要有准确性。

3. 集体性

沙滩体育比赛活动，是集体比赛项目，在集体配合中进行。没有严密的集体配合，再好的个人技术也难以发挥，更无法发挥战术的作用。水平越高的团队，集体配合就越严密。

4. 地域性

沙滩体育比赛活动，要求在较厚的细沙中进行。有细沙的海滩、江滩、河滩等都可进行活动，而具有这些条件的城市并不是很多。虽然其他城市通过建设沙滩场地来开展此类运动，但是普及性仍然较差。因此，沙滩体育比赛活动的开展具有很强的地域差异。

5. 观赏性

在进行沙滩体育比赛过程中，由于特殊的场地原因，球员间的配合很难顺利完成，只有通过空中的配合，才更具观赏性。比赛中，个人随性发挥的不规范动作，能够增强比赛的观赏性，同时创造出不同价值的技术动作。比如沙滩足球球员经常可以在比赛中上演"倒挂金钩"的绝技，而门将的飞身扑救也令人叫绝。沙滩体育比赛与其他比赛形式相比较，在技术动作上，更强调动作的舒展性和娴熟性，在趣味性增强的同时，使此项运动更具魅力。

6. 艰辛性

沙滩体育比赛活动中，场地表面为沙地，缓冲力较大。运动员要在场地内奔跑跳跃，还要完成各种各样的有球和无球的技术动作，运动员的体能消耗非常大，运动很艰辛。

7. 易行性

沙滩体育比赛规则简单明了，器材简单，场地简单易造。一般性的沙滩足球比赛对时间、参赛人数、场地和器材没有严格的要求和限制。场地面积小，不需要球鞋。因而是一项十分容易开展的群众性的体育运动项目。

8．休闲娱乐性

沙滩体育比赛活动比其他形式的体育比赛活动的趣味性更强。在享受阳光和微风的同时，能够进行一项休闲体育活动，是非常享受的事。在沙滩上，运动爱好者们可以尽情地做各种技术动作，因为特殊的场地原因，不易受伤，这也是沙滩休闲体育能被各类人群所喜欢的原因之一。

沙滩体育项目的比赛和训练，根据运动量的不同，适合各类人群。在青年人群中，沙滩体育项目最具吸引力。青年人群的体力、精力都很旺盛，并且有非常强烈的表现欲望，而沙滩运动的特殊场地更适合青年释放自己的激情。沙滩体育活动，作为夏季海滨娱乐项目，是一项很有吸引力的休闲运动项目。

（三）沙滩体育比赛活动的特点与发展趋势

沙滩体育比赛活动普及化程度越来越高，与休闲、娱乐结合越来越密切，并与滨海休闲体育文化高度联系，竞技水平越来越高，商业开发越来越受到社会的重视。

沙滩体育比赛活动有生理价值、心理价值和社会价值三个方面价值。

（1）生理价值可表现为健身价值、娱乐价值、医疗价值。

（2）心理价值可表现为教育价值、艺术价值、审美价值、道德价值。

（3）社会价值可表现为经济价值、政治价值、科学价值、社交（含外交）价值等。

沙滩体育世界性和地区性比赛越来越丰富，国际上有世界锦标赛、欧洲职业沙滩足球联赛、职业沙滩足球巡回赛、欧洲锦标赛、美洲联赛等；国内有全国沙滩排球、足球和手球锦标赛等。

二、沙滩休闲体育娱乐活动

沙滩上的休闲体育活动非常丰富，简单易学，以体验为主，娱乐性很强。有沙滩拔河、堆沙、沙滩卡丁车、沙滩骑马（驼）、沙滩风筝等。

（一）项目简介

1．沙滩拔河

有人认为拔河运动，源于春秋战国时期的"牵钩"。最初拔河主要用以训练兵卒在作战时钩拉的能力，后来被水乡渔民仿效，成为一项民间体育娱乐活动。拔河的方法是：在地上画两条平行的直线为河界，由人数相等的两队在河界两侧各执绳索的一端，闻令后，用力拉绳，以将对方拉出河界为胜。在西方，拔河原为英格兰乡村的一种游戏，1900—1920 年的奥运会上曾被列为比赛项目。

沙滩拔河是在沙滩上人数相等的双方对拉一根粗绳以比较力量的对抗性体育娱乐活动。在沙滩上组织拔河，别有一番风趣。男士可以穿泳裤，女士可以穿泳衣，赤脚参加比赛，共同体验沙滩拔河紧张、刺激的快感。在比赛进行中，呐喊声、助威声、加油声成为一曲好听的旋律。

拔河，可练就顽强的作风、团结一致的精神和强烈的集体主义责任感。拔河中参加人员要注意正确的姿势，以免拉伤。应双手手心向上，不得呈 8 字形缠绕双手；绳从腋下经过，不可将绳缠住手臂；脚尖在膝之前，不可蹲着拉。

2. 堆沙

堆沙也称为沙雕。以水和沙为材料，通过堆、挖、雕、掏等手段，塑造出各种造型的雕塑作品。沙雕源于 100 多年前，如今沙雕艺术已遍布世界 100 多个国家和地区的滨海胜地。

沙雕活动融雕塑、绘画、建筑、户外活动于一体，集旅游、体育之长，已成为追逐阳光、海浪、金沙的一种高雅、时尚、健康而富有激情的大众旅游休闲项目。沙雕艺术的诞生，为滨海城市创造了全新的旅游节目，成为最受人们欢迎的海洋旅游项目之一。沙雕艺术和其延伸出的相关商业活动带动了当地旅游市场。

国际沙雕协会，每年在各国海滩旅游胜地举行国际沙雕节和沙雕大赛，如新加坡亚洲国际沙雕大赛、日本沙雕国际大赛、荷兰欧洲沙雕大赛和西班牙国际沙雕大师邀请赛。世界沙雕协会先后授权包括中国在内的众多国家举办国际沙雕大赛。

我国从 20 世纪 90 年代开始向具有国际水准的沙雕创作迈进。1999 年 9 月，以中国首届在舟山举行的国际沙雕大赛为标志，拉开了中国沙雕走向世界的序幕，开始了我国沙雕创作事业同国际的接轨。

3. 沙滩卡丁车

卡丁车即小型赛车，是一项极具魅力的户外休闲运动，也是世界流行的赛车运动。这项流行于欧美的无车厢微型敞篷赛车，无减速风挡，能感觉到高于实际车速 2~3 倍，尤其是弯道上产生 3~4 倍于重力的横向加速度的超速感应，让人尽享追风逐电的快感。

当人们驾车奔驰在赛道上，那种紧张和心跳的刺激，妙不可言，只能用心感受。适合沙滩卡丁车的沙滩一定面积够宽，且须是硬沙与软沙相结合的沙滩才能够进行。一些沙滩开展了父子之间的亲情沙滩卡丁车比赛，妈妈是最好的裁判。但是，在比赛的时候一定要注意，在驾驶的时候车速不能过快。

4. 沙滩骑马（驼）

沙滩骑马（驼）是一项很有吸引力的沙滩休闲运动项目，可以让人尽享沙滩休闲运动带来的无穷乐趣。在蓝天白云下的沙滩上策马驰骋，可以感受到一种特有的宣泄快感。尽管沙滩骑马的发展历史较短，但在全世界范围内已经迅速得到大家的认可而发展起来，成为一种流行之势。

5. 沙滩风筝

沙滩放风筝因其既能体验放风筝的欢愉，又能达到沙滩娱乐的效果，深受欢迎。当人们眺望风筝摇曳万里晴空时，专注、欣慰、恬静，这种精神状态强化了高级神经活动的调节功能，促进了机体组织、脏器生理功能的调整和健全。双目凝视于蓝天白云之上的飞鸢，荣辱皆忘，杂念俱无。在风和日丽的大自然中放风筝是最好的日光浴、空气浴。在海滩上跑跑停停的肢体运动，呼吸新鲜空气，享受细沙按摩脚底的感觉，可增强心肺功能，加快新陈代谢，增强体质。

由于风筝运动的特性，需要长时间仰头，同一个姿势要保持较长时间，因此提醒老年人和颈动脉供血不足的运动者在参与此项运动时尽量避免突然转头，以防脑血管的突然收缩，同时根据自己的身体状况调节参与运动的时间。

（二）沙滩休闲体育娱乐活动的注意事项

（1）选择沙滩平坦，沙粒整洁、柔软，无贝壳、螺壳碎屑以及海浪较小，浪花柔和的沙滩活动。

（2）三五成群，结伴活动。看到漂浮在岸边不了解的海洋生物不要用手或脚触碰。

（3）到海滩游玩,防晒霜是必不可少的。人们在运动中受太阳的暴晒,每半小时就要涂抹一次防晒霜,要将身体外露的所有部位均匀涂抹,特别是颈背部位。进行沙滩运动时,沙滩的沙粒能反射 17%的紫外线,而水对紫外线的折射率更高达 80%。此外,享受日光浴前一天,切勿进行面部或身体磨砂,磨砂会导致皮肤表层减薄,防紫外线的功能就会减弱。

（4）海边戏水时沙中的碎玻璃、饮料易拉罐拉环和烧烤者丢弃的牙签和鸡骨、礁岩海域锐利的珊瑚礁或海胆等生物容易造成脚底的割伤或刺伤;海洋生物如水母等也容易刺伤身体。所以在海边戏水时,最好穿着一双旧布鞋,紧身的长袖运动衣,这样不但可以防水母螫伤和脚底的割伤,对强烈阳光的晒伤也具有防护效用。

（5）如果不是水性熟练的游泳者或潜水者,最好不要冒险独自下水。海域中隐藏着许多未知的危险,独自一人面对这些危险无疑是非常不明智的。为了确保安全,最好在有人陪伴或者有专业救生人员在场的情况下,再考虑下水游玩。记住,安全永远是第一位的,不要为了一时的刺激而冒险。

（三）沙滩休闲体育娱乐活动的特点与发展趋势

（1）沙滩休闲体育娱乐活动将成为滨海旅游、休闲中的基础内容之一。
（2）商业开发与服务应有机结合;高度注重安全管理。
（3）活动逐步规范化,管理法治与制度化。
（4）项目开展大众化、服务化、人性化。
（5）注重环境保护和清洁卫生。

第二节　海中休闲运动分析及指导

海水中休闲运动有休闲潜水、潜泳、海上游泳（公开水域游泳）、泅渡等,除了具有一般性游泳功能外,主要是潜入水中的运动。使人们贴近海洋,体验海洋,认识和理解海洋。

一、休闲潜水

潜水是进入水底世界的途径。潜水活动可分为休闲潜水、技术潜水、商业潜水、科学潜水、军事潜水等,所配置的潜水设备有较大的差别。休闲潜水从 20 世纪 60 年代起逐渐风靡世界，如今全球有超过 5 000 万的潜水爱好者。这项运动在一些沿海发达国家较为普及。休闲潜水以休闲为目的，潜水深度一般不超过 40 米。

近年来，随着科技的进步，潜水运动也逐渐发展起来。尤其是潜水设备有了较大的发展。休闲潜水者穿上自携式水下呼吸装置，背负气瓶，嘴里咬的是呼吸调节器等先进设备，气瓶里的空气是压缩的空气，潜水者呼吸经过减压后与周围环境压力相等的空气，提高了潜水的安全性。对许多人而言，休闲潜水的迷人之处不仅在探险和探索之乐，还可以体验自然环境和生命的意义。

按照国际惯例，必须取得相应等级的潜水证书方可参与潜水活动，休闲潜水也不例外，人们必须按照程序接受某一潜水组织的学习和培训，拿到认证书。不同等级的认证书代表着不同专业知识的训练经历。当人们完成潜水认证课程之后，就可以到世界各地参加潜水活动了。

休闲潜水主要在珊瑚密集的区域，以观赏珊瑚为主，可欣赏不同种类、颜色各异、形状不一的珊瑚群和各种鱼。潜水者由浅至深缓慢潜入水下 3～10 米，可以观察海底礁石和礁石上生长的各类海底生物以及热带鱼群，也可感受海底喂鱼的乐趣。

（一）休闲潜水设备、器材

（1）面镜和呼吸管。在眼睛周围形成气室，让你看得见；在波浪中或水面可以用它来呼吸，而不用消耗气瓶中的空气。

（2）潜水衣和蛙鞋。具有隔热效果，让你舒服地潜水（不同水温用不同的潜水衣）；加大双脚的踢水面积，让你不用手就能游动。

（3）调节器和气瓶。输送气瓶中的气体供呼吸。气瓶内装高压压缩空气。

（4）潜水压力表和潜水电脑。告诉你还剩下多少空气；记录你在水底的深度和时间，计算还剩下多少时间可以潜水。

（5）BCD 浮力控制装备。利用气瓶中的空气来调整为中性浮力（无重力）、负浮力（下、沉）或正浮力（漂浮）。BCD 包含背架系统（把气瓶固定在背部）。

（6）指北针和刀具。指北针导航辅助工具；在水底被缠绕时可用刀具帮助脱身。

（7）水底记录板。用来和别的潜水员沟通或记录其他资料。

（8）水面信号装置。在水面吸引远处的潜水船注意。

（二）休闲潜水注意事宜

（1）必须接受充分的学习和培训后再参加潜水活动；维持良好的身心状况；潜水前禁饮任何麻醉药品和含酒精饮品。

（2）了解所使用的潜水装备。每次潜水前要先检查潜水装备，只能使用完整且性能良好的器材装备。不要将器材借给没有完成潜水训练的新手。

（3）了解自己、同伴和器材的限制性。要为安全性预留余地，以免发生事故。无论在水中的时间或深度，都要有适当的限制，并且预留一些空气，以便在水面或需要时使用。

（4）认识你的潜水地域，避开危险或不良地域。

（5）控制浮力，尽可能使你的潜水轻松愉快。如有需要，随时准备好减轻配重，紧急上升。在紧急情况下，停止动作，想想该怎么办，控制自己，以便采取行动。

（6）不要单独潜水。要和同伴一同潜水，并知道同伴的潜水设备。熟悉手势并互相保持联络。做好发生紧急情况、能够急救一名停止呼吸的同伴的准备。

（7）注意呼吸，避免过度激烈的呼吸，不要太花力气。要尽早平衡体内外气腔的压力，上浮和下潜时都要如此。感觉不舒服，马上浮出水面。如潜水结束后身体仍有不适持续，应尽早就医。

（8）要知道减压的程序和紧急事件的处理程序。

二、潜泳

早期的潜泳是一门很实用的个人技术，具有水下打捞、寻物、救生等多种用途，因而用于生产、军事以及救生等方面。由于在水下游进不受波浪阻力影响，水平姿势好，阻力小，速度比水面蛙泳快。于是在1956年第16届奥运会上，几乎所有蛙泳运动员都以长划臂的潜水蛙泳参加比赛。可是后来人们发觉由于潜泳在水中，裁判们无法看到运动员们是否有犯规动作，影响裁判判定，加之在潜泳的过程中要求运动员长时间处在缺氧的状态下，长期练习潜泳，会对身体造成很大伤害。第16届奥运会后，取消潜泳。

现代潜泳是将整个身体潜入水中或水底所进行的憋气游泳活动。随着游泳爱好者的增多，潜泳已逐渐成为一种大众化的休闲水上活动。不少人在游泳时喜欢潜入水底游上一会儿，而且无论是在泳池，还是在海滨浴场时常会有人进行潜泳活动。潜泳有潜深和潜远。潜泳的姿势有很多，但主要采用蛙式潜泳。

潜泳注意事宜包含以下方面。

（1）潜泳是在有水压的环境中进行的，所以从事潜泳时必须具备两个先决条件。一是身体健康，二是具有良好的游泳技术能力。

（2）身体和精神应处于良好的状态下，耳膜完好，没有感冒和头痛等症状。

（3）了解和熟悉水中的环境及水底的各种状况，如水流速度、障碍物及危险性等。

（4）下潜时，若无法平衡耳压，绝不可强行下潜，以免耳膜受损。如果在水中感觉耳膜压力过大，可用一只手捏紧鼻子，用力鼓气，缓解耳膜的压力。

（5）潜泳时应戴上游泳眼镜或潜水面镜，睁开双眼，注意四周情况，到水清、视界明亮的地方进行潜泳。

（6）下潜后，如果出现寒冷、疲劳、受伤等症状或感到不适时应立即浮出水面。

（7）潜泳时，应由浅至深，做长距离潜泳时应有同伴在上方或侧方伴游，以在迷失方向或发生意外时能相互照应。

（8）由于潜泳时在水中不能呼吸，所以上升到水面之前应将手置于头侧，保护头部慢吐气上升，快到水面时应减慢速度，注意水面是否有危险物。在确定安全后才可浮出水面。在水流大的崖岸或船只附近不可潜泳。

（9）在水中憋气太久无法忍受时，应用下腹用力忍耐，不可慌张，保持镇定，然后上浮。上浮速度不可太快，以使身体能逐渐适应水压。

三、海上游泳

在古代，人们的海上游泳是为了捕捉鱼类，后来才逐步发展成为一种大众的游泳项目。海水浮力大，人们在海里游泳的动作较多，除了规范的蛙泳、爬泳、仰泳和蝶泳外，还有侧泳、踩水和一些民间泳姿。海上游泳一般头部露出水面较高，随时注意避浪或潜入浪下。

海上游泳现在已发展为比赛项目，称为公开水域游泳。2000 年，国际泳联在美国夏威夷举办了首届世界公开水域游泳锦标赛，此后，这项赛事每两年举行一次。自从 2005 年国际奥委会宣布公开水域游泳成为奥运会正式项目以来，参加国际泳联世界游泳锦标赛的人数骤增。海上游泳在休闲方面还发展了许多的项目，比如负重游泳、着装游泳（泅渡）、背人游泳等。海上游泳注意事宜包含以下几方面。

（1）下海游泳前须在岸上做好准备活动，然后，在浅水中用海水浸润皮肤，让身体适应水温。风高浪大受风暴潮影响时千万不要下海。雾天和雷雨天气不宜下海。游泳不要离海岸太远，一旦遇险呼救时可以让岸上的人听见。

（2）游泳时，不要登上礁石以免被其上牡蛎壳甲擦伤，不要翻越到防鲨网外面，也不要在防鲨网附近游泳，以防被网子缠住手脚无法挣脱。上岸后要防止暴晒，注意保护皮肤，而且要用淡水冲洗。在海里游泳遇见海蜇最好远离，千万不要随意打捞。海蜇有毒，一旦被蜇应及时就医。

（3）要注意潮汐。对于水性不好的人来说，一定要注意这一点。在运动前要充分了解潮汐时间，涨潮时游泳，退潮时不游泳。因为退潮时，海水会把人拉进海里，水性不好的人更容易出危险，涨潮时则不会出现这种情况。对于涨潮和退潮的时间，没有固定一说，因此，爱好者应在下水前，充分了解涨潮和退潮的时间。可以询问有经验的人。

（4）要注意礁石。礁石也是经常让人受伤、毙命的"杀手"之一。爱好者应在自己熟悉的海域游泳，对于不熟悉的海域，环境非常复杂，危险系数很高，一旦不注意就会触碰礁石，轻则伤人，重则让人晕厥毙命。

（5）做好准备活动。准备活动不充分，下水容易导致头晕、抽筋、肌肉拉伤等事故。饥饿、饱食、疲劳的状态下不要贸然下海。此外，游泳时应避免被大浪卷入其中。当一个大浪打来时，用潜泳方法越过去。

（6）当遇到海上危险时，千万不要发慌，要学会自救。一旦无法上岸，一定要保持冷静，想办法发出求救信号，同时采用仰浮的方式随波逐流，防止过大的体力消耗。坚定"潮起必有潮落时，浪涛过后涌波息"的信念，等待救援机会的到来。

（7）刚开始退潮或涨潮时不宜下海，因为这时退潮和涨潮形成的两股力量互相碰撞后在近海岸边形成许多大小不等的旋涡和暗流，一不小心就有可能被卷入海中。

（8）老人、儿童、孕妇和患有精神病、心脏病、高血压、痴呆症等易发危险性疾病的患者，严禁参加沙滩活动。

（9）严禁夜间海边游泳。夜晚光线黑暗，容易发生危险。

第三节　船帆板艇类休闲运动分析及指导

船帆板艇休闲运动是利用机械动力牵拉、风力、海浪推进的海上休闲体育活动。船帆板艇有正式的体育比赛项目，如帆船、帆板、滑水、冲浪、F1 摩托艇等。这些项目技术含量高，难度较大。另外，还有一些娱乐性的船艇类休闲娱乐项目，如香蕉船、水上摩托、飞鱼、水上自行车、空气球、游艇、快艇等。

一、项目简介

（一）帆船

帆船是一种古老的水上交通运输工具，但作为娱乐活动或帆船运动起源于 17—18 世纪的荷兰。18 世纪欧洲一些国家及美国等纷纷成立帆船俱乐部、协会并开展了帆船比赛活动，如 1851 年美英两国举行了首届横渡大西洋的"美洲杯"帆船赛。1896 年被列为首届奥运会比赛项目，但因天气不好未举行；1900 年再次被列为奥运会比赛项目。帆船比赛原为男女混合项目，但从 1988 年起男女项目分设。目前，世界上有 120 多个国家和地区开展这项运动，在欧美和大洋洲最为普及，运动水准也最高。每年举行的各级别世界和洲际比赛不计其数，吸引着大批的爱好者，已成为人们滨海休闲体育观赏类的重要内容。

此外，亚洲的日本、韩国、菲律宾、印尼等国家也有较多的帆船入口。这些沿海国家和地区建立了专门的帆船港并具有良好的航海水域。帆船航海已成为人们进行度假、旅游和娱乐的活动方式。随着社会经济和人们生活水平的不断提高，帆船运动也得到了广泛的普及与发展，并派生出许多新的运动项目，比如风筝滑板及可在沙地、草原、雪地、冰上等驾驶的帆船和帆板。

（二）帆板

帆板运动是一种新兴水上运动项目。帆板由带有万向节的桅杆、有稳向板的板体、帆和帆杆组成。爱好者站在帆板上，运用风力在水面上行驶，在行驶过程中通过操纵帆杆，更好前行，靠改变帆的受风中心和板体的重心位置在水上转向。因和冲浪运动有密切关系，故又称"风力冲浪板"或"滑浪风帆"。

帆板运动最早出现于夏威夷群岛。1967 年，美国加利福尼亚马里纳德海港出现一种加长冲浪板，上面装有能转动的桅杆，深受青少年喜爱。随后发展成为一种体育运动，并在欧美国家广泛流行。1970 年 6 月由美国一位冲浪爱好者电脑技师休万斯设计制造出世界第一条带有万向节的帆板，并获专利权。此后掀起一股帆板热，不久在欧洲、大洋洲和东南亚一带广为发展，至今全球性的帆板热方兴未艾。

（三）滑水

滑水运动是借助于动力的牵引在水上进行体能、技能锻炼和表演的体育运动。滑水既可以使人感受高速滑行带来的刺激，又能使人体会翻、转、跳、跃带来的"玩"快感，让人充分享受夏日蓝天碧水的温情与体育运动带给人的无穷乐趣。滑水运动最早起源于 20 世纪初的美国，并迅速在欧美等发达国家普及开来。20 世纪 40 年代，成立了滑水运动的国际组织国际滑水联盟，并开始举办国际性滑水比赛。

1946 年成立国际滑水联盟，1949 年举办了第一届世界滑水锦标赛。1972 年第二十届奥运会上，滑水运动列入正式表演项目，1981 年列入奥运会的正式比赛项目。1986 年中国正式加入国际滑水联盟。1988 年国际滑水联盟正式更名为国际滑水联合会。滑水运动是国际奥林匹克运动委员会正式承认的运动项目，在世界各地发展很快。据不完全统计，全球有 3 000 万以上滑水爱好者。相信随着社会经济的不断发展，越来越多的人会参与到滑水运动中来，感受这种独特的水上运动所带来的无穷乐趣。

滑水分赤脚滑、跪板滑、水橇滑等，其中水橇滑是最基本的滑水种类。形式上可分为花样滑、回旋滑、跳跃滑、竞速滑、特技造型和娱乐表演滑等。通常所说的滑水即水橇滑水。尾波板（wakeboard）是迅速发展的单项滑水运动，其外形与滑雪的单板相似（长约 130 厘米，宽约 60 厘米），板体下部两端设有尾鳍，板体上表面靠近中部设有固定的脚套。尾波板这种造型的独特性使滑水爱好者可以发挥更多的技巧，加快滑水速度的同时，能够在越过滑水牵引艇产生的尾浪（专业称"尾流"）斜坡后取得更高的高度，使滑水爱好者能有更多的空间做一些高难度的动作，是成为滑水运动中观赏性最强项目的原因之一。人们可以同时领略跳台滑雪、自由体操、跳水等一系列运动项目在水面上的精彩瞬间。另外，由于板体结构的原因（面积大、稳定性高），同样适合初学者学习新动作。因此，尾波板也成为滑水运动中发展最快并具有巨大发展潜力的项目。越来越多的青少年喜欢此项目。2001 年国际滑水联合会举行了首届世界尾波板单项锦标赛，这次锦标赛的举办使尾波板滑水运动得到更广泛的普及。尾波滑水也成为极限运动会及其他一些综合性运动会的正式比赛项目。

（四）冲浪

冲浪运动最早起源于澳大利亚。澳大利亚的地理位置、环境气候更有利于水上运动的发展。因此，更多的澳大利亚人喜欢冲浪运动。早在欧洲人迁来之前，这里的土著，乘独木舟浮海时，就凭一叶扁舟忽而冲上浪峰，忽而滑向浪谷，这就是冲浪运动的前身。

第二次世界大战后，塑料工业的诞生产生了轻便的塑料冲浪板，促进了冲浪运动的发展，至此，冲浪运动才真正在世界许多国家开展起来。随着冲浪运动逐渐普及，其运动便向着竞技方向发展。冲浪运动是相当惊险的一项运动。出没在惊涛骇浪之中，即使熟悉水性、有高超技巧的人，也难免发生危险。娱乐型冲浪器较为简单，主要让活动者感受休闲娱乐，以运动健身、自我表现、社交等为目的。

冲浪基本原理是以海浪为动力，利用自身的高超技巧和平衡能力，搏击海浪。脚踩一块冲浪板（长 1.5 ~ 2.7 米，宽 0.6 米，厚 0.1 米）能在海浪上驰骋，和一个小球在斜面上运动的物理原理相似。由于从海浪尖上向下冲时速度较快，冲到浪谷中时仍能保持一定的速度，利用惯性紧接着就能再冲上第二个浪尖。进行这项运动需要运动员大胆、沉着、镇静、稳健，要有极好的体力和平衡能力，力求在浪巅上多待一些时间，才能保持一定的速度，以便能在浪谷中翻飞，一浪紧冲一浪。

（五）F1 摩托艇

一级方程式（简称 F1）摩托艇世界锦标赛是由国际摩托艇联合会发起的体育竞赛项目，这个项目的主要特点是竞争性、观赏性和刺激性。比赛过程中马达轰鸣、浪花飞溅、高潮迭起，深受人们喜爱。比赛时要求运动员围绕固定标志进行转弯计时赛，比赛速度可达 220 千米/小时。比赛用艇为双浮体式滑行艇，封闭式座舱，长 4.8 米、宽 1.8 米、深 0.8 米、重 450 千克。发动机为二冲程艇外挂机，冲灌式冷却，排量 2000 毫升，转速 11 000 转/分钟，艇速可达到 220 千米/小时。

F1 摩托艇惊险性在于其风驰电掣般的速度，观赏性也在于其速度。220 千米/小时的超高速，足以让每一个亲临现场的观众惊心动魄、大开眼界；高速的追赶、翻腾的浪花，足以使人眼花缭乱。它代表着人类向速度极限的挑战，是现代文明中高速度、高科技的象征。

F1 摩托艇世锦赛无论是比赛的规模，还是运动员的驾驶技术、艇速，都充分体现了当今世界摩托艇运动的最高水平。F1 摩托艇赛与奥运会、世界杯足球赛、F1 汽车赛被誉为最具影响力、最高收视率的四大国际体育赛。

二、船帆板艇类体育比赛活动注意事宜

（一）帆船比赛的注意事项

（1）由于海上情况的复杂性，在进行帆船比赛时，要求运动员必须会游泳，并能够游较长距离。除了运动员具备良好的身体素质外，还要求能够长时间适应风浪的考验。

（2）经常在强风中进行的帆船比赛，要求运动员具备良好的控制能力，能够把握航向和航速，控制好帆船的平衡。保持冷静的头脑，清醒地对待周围随时可能发生的意外情况。如水的流向、流速和气流的变化。

（3）比赛过程中，如果船只比较多，需要运动员详细了解比赛规则，避免发生危险，同时还应具备相关的帆船知识，如检查装备、整理装备、调整帆具等。

（二）帆板比赛的注意事项

（1）把帆板与风向成直角，帆面沿着下风处受力。人与帆成 V 字形平衡，这种姿势称为风帆的起步姿势。

（2）做引风帆起步动作。当我们将风帆拉起完成起帆动作后，就应将身体与桅杆之间形成一个 V 字形，桅杆向外移动，身体也可以向外稍稍倾斜，以保持平衡。

（3）如利用帆板前进方向一侧的手拉住帆杆下部的桅杆处，安定性就更好。

（4）需要调整动作时，必须先回到起步姿势。

（5）初学者要身着救生衣。

（三）滑水运动注意事项

（1）第一次体验滑水时，在身体不能保持平衡时，请立即松开手中的绳索，以免意外事故的发生。

（2）所有参加活动人员都必须穿救生衣方可上船及滑水。未满 14 岁需家长陪同。

（3）请勿带照相机、手机及一切不防水的物品滑水。

（4）患心血管疾病者及孕妇，一律禁止滑水活动。

（5）初学者要加强体能训练、手臂训练、平衡训练。

（6）遵守场地管理办法。

（四）冲浪比赛注意事项

（1）手拿冲浪板，准备冲浪时，手上拿着冲浪板要与海浪垂直，切记不可将冲浪板放在身体前面,这样能够防止海浪打击冲浪板冲击自己的身体。

（2）初级冲浪手，请注意下水前要检查装备，蜡块打过没有，安全绳、救生衣检查好，热身运动做 20 分钟后，始可下海冲浪。

（3）冲浪板由外海冲回岸边，水深约 30 厘米时，请立即下板，避免冲浪板直接冲击到石头上。

（4）冲浪板和海浪在撞击的时候，千万不可用手去拉安全绳和冲浪板，以免手被拉伤。

（5）初学冲浪手要加强手部划水训练、体能训练、脚部训练、水中前滚翻憋气训练。

（6）冲浪手一定要遵守冲浪起乘规则，一个人一个浪，谁最靠近浪壁起乘点谁优先站起来，此时在旁边竞争的冲浪手迅速刹车或抽板停止冲浪。

（五）F1 摩托艇比赛注意事项

（1）驾驶员必须在保证身体健康的状况下比赛。如果发生事故，船只必须接受全面检查。

（2）救生衣和短裤是必需装备。驾驶员必须穿戴救生衣，救生衣穿于肩上和腿上，以方便驾驶员从座舱里面出来。也可以用救生圈代替救生衣，但是必须有撑手的位置，以方便驾驶员从座舱中出来。

（3）浮力保险气囊必须经过安全认证，方可使用。每个队伍必须有专业的维护人员。

（4）主办方为整个比赛签订一支正式的营救队。由组织者提供的所有地方服务要与营救队伍联合起来工作，并接受值班长、其代理人或医务人员的管理。

（5）比赛不允许带技术人员上船，冠军可在最后的胜利游行中带上技术人员。营救船要紧跟获胜船之后。

（6）在合理时间介绍安全规则。

三、船帆板艇类体育比赛活动的特点与发展趋势

（一）大型赛事活动的表演化与商业化

船帆板艇类体育比赛常常是商家广告的良好载体。

（二）科技化水平高

现代化科技常常被用在船帆板艇的制造工艺中，可以检验科学技术的应用。

（三）社会化、普及化

帆船、帆板运动的独特魅力，深受人们喜爱。据调查，大多数参加帆船、帆板运动者的目的是健身娱乐，开发智力，培养意志，科学健康地利用剩余精力。因此，在多数开展帆船、帆板运动的国家中，以休闲健身为主。

（四）节能，无公害

未来世界帆船、帆板运动发展是乐观的，这项运动不耗能源，没有公害，可使参加者得到身心锻炼，合乎社会文化高发展、人类回归自然这一趋势。

（五）高水平竞技趋向职业化、商业化

当今无论是发达国家还是发展中国家，商品经济已浸透到各个角落。因此，商业把竞技体育作为特殊媒体和桥梁，形成了当今和未来竞技体育发展的特征。

四、船帆板艇类休闲体育娱乐项目

（一）项目简介

1. 香蕉船

一个色彩鲜艳的橡胶皮筏因类似香蕉形状被称为"香蕉船"。香蕉船是一个新兴的海上娱乐项目，一般要求在宽阔的海面上进行，由一台大马力的水上摩托艇拉着它，3~5个人骑上香蕉船，随着快艇或是摩托艇的加速，随着海浪的起伏，配合着快艇的左冲右突，实实在在体验一份惊险与刺激。当一台大马力的水上摩托艇约以50千米/小时的速度拉着它时，香蕉船在海上疯狂飞驰，随着海浪的起浮，香蕉船随着快艇的速度，犹如一匹脱缰的野马自由穿梭在碧蓝的大海之中，让游客们体验和感受到冲击海浪的强烈刺激，是海上较普及的、休闲娱乐性很强的体验项目。

运动时每个人都要穿上救生衣，因为当船只急速转弯时，如果游客没有抓紧手把，就可能会被甩到海里。但是不要惊慌，只要穿上救生衣就不会有溺水的危险，工作人员会快速到达游客身旁，帮助游客再次回到船上。

2. 海上摩托

海上摩托运动是集观赏、竞争和刺激于一体，富有现代科技感的高速机械水上运动，在运动中不仅要克服各种困难，还必须具有一往无前的勇气。

摩托艇起源于19世纪末。1903年美国二十多个动力艇俱乐部联合建立了统一的组织——美国动力艇协会。1922年在比利时的布鲁塞尔成立了国际摩托艇联盟。1924年舷外发动机出现后，有力推动了这一运动的开展，各种娱乐的海上摩托艇、船被制造出来。海上摩托包括竞速艇（船）、运动艇（船）、游艇（船）、汽艇、水上摩托、气垫艇（船）、喷气艇（船）、电动艇（船）等。娱乐性海上摩托驾驶较为简单，水上摩托操作方便，还配有专门的教练和救生人员，深受广大青年的喜欢。

（二）船帆板艇类休闲体育娱乐项目注意事宜

1. 香蕉船活动注意事项

（1）双手握住扶手带，以免从船上滑落。

（2）乘坐香蕉船注意保持身体平衡。

（3）如遇翻船情况，保持清醒头脑，及时松开扶手，听从专业人员安排。

（4）禁止患有心脏病、高血压、哮喘、癫痫等人员登船。

（5）乘船前必须穿戴救生衣、安全头盔，如遇到恶劣天气，不可登船。

（6）某些行为禁止出现，如打伞、拍照、摄影等，会影响乘船安全。

（7）怕水物品最好不要携带或自行保管，以免发生意外。

（8）快艇行驶或尚未完全停稳码头时，严禁离座站立，并应抓紧座位旁边把手或前排椅背。

2．海上摩托活动注意事宜

（1）初学者最好先由专业人士陪伴体会一番，再独自驾驶。戴好安全帽，穿好救生衣。上艇时，把一开关绳系在手腕上，万一身体甩离艇体，摩托艇会自动关机，不至于伤人。

（2）启动或回航时都应低速行驶，以免造成机器损坏。摩托艇是靠喷射水流来推动前进、控制方向的，所以即将靠岸的时候，应该慢慢减速，而不是一下子关机。如果熄火，方向就不能控制，惯性会使摩托艇直冲岸边。

（3）在驾驶过程中不要离开海岸太远。摩托艇在海上高速行驶时，应保持自身与摩托艇的平衡，不要急转弯，以免翻艇造成人员受伤。

（4）两艇高速对驶时，应该靠右避让。

（5）年龄未满16周岁或年龄超60周岁，或心脏病、高血压患者最好不要驾驶。

（6）参加海上摩托运动时，需穿着救生衣，还需有场地的救生艇。

（三）船帆板艇类休闲体育娱乐活动的特点与发展趋势

1．休闲娱乐化、刺激化

追求快乐、缓解心理压力是人的一种天性。船帆板艇类休闲体育使人们尽情玩耍，感受在海浪中高速运动的刺激，从而达到缓解心理压力、休闲娱乐的目的。

船帆板艇类休闲体育娱乐活动的器材设计越来越娱乐化、刺激化。

2．体验性

体验是一个人达到情绪、体力、精神的某一特定水平时，其意识中产生的一种美好感觉，它本身不是一种经济产出，不能完全量化，因而也不能像其他工作那样创造出可以触摸的物质。船帆板艇类休闲体育娱乐活动可以让人们体验对大海的感受，从而激发人对生活的热爱。

3．设备管理的专业性

船帆板艇类休闲体育设备越来越专业，设备管理需要专业的技术人员。

4．场地设置的安全性

由于船帆板艇类休闲体育的惊险性、刺激性和本身潜在的安全问题，场地设置的安全性就显得非常重要。场地的设置、设备的摆放要考虑管理的安全性，场地设置要流畅，人员活动要安全。

5．管理的标准化

为保证与提高服务质量，实现总的质量目标，应制定经营管理、管理业务的具体标准。为在一定的范围内获得最佳秩序，应对实际的或潜在的危险进行严格控制。

第六章　沙漠、草原休闲体育项目及开展指导

草原休闲体育和沙漠休闲体育使人们在纯自然、未经人工修饰的环境中尽情享受大自然的神奇魅力；在落日黄昏中领悟生命的美丽；在探险中感受团结的力量；在断壁残垣中体会人性最原始的本能。它们不仅可以减缓或宣泄社会压力，还具有益智、益心、益身等功效，能最终达到终身体育、增进健康的目的。

第一节　沙漠休闲运动分析及指导

一、沙漠休闲运动项目分析

（一）沙漠休闲运动项目简介

沙漠，是指干旱地区地表为大片沙丘覆盖的沙质荒漠，它曾被认为是没有生机与活力的地方，意味着恶劣的自然条件、艰苦的生存条件。很少有人会把沙漠和健身乐趣联系起来。然而许多人都不会想到，曾经令人望而生畏的沙漠，一旦和体育结合起来，竟可以化沙为宝。

由于气候干燥，生物稀少，外界因素对沙漠环境的影响很小，沙漠是一个相对稳定的生态系统。沙丘起伏，连绵不绝，极目远眺，粗犷神秘的沙漠别样风情，具有很高的观赏价值和旅游价值。沙漠中有很多古代的建筑景观和人文遗迹，在满目金黄的广阔空间中与沙漠交相辉映，极具欣赏价值。沙漠自然景观的参与者主要是到沙漠旅游的旅行者。

当今社会，随着发展节奏的加快，人们的生活和工作都处于一种紧张的状态之中，室内的健身活动虽然可以一定程度上放松人们的身心，但由于空间相对狭小，参与者很难体会到大胸襟。现代社会人们对返璞归真、回归自然有一种本能上的需求，也是很多人生活的梦想之一。沙漠之广阔、戈壁之粗犷、色彩之绮丽都能充分激发人们内心深处的诗情，让人们体会

到壮阔浩瀚之美，沙漠也因此能够吸引一批又一批的都市来客，令人为之心驰神往。沙漠地区气候相对极端，昼夜温差极大，并且雨量很少。在沙漠地区进行休闲体育活动，必须有专业的保障措施和保障人员，否则容易出现危险。鉴于这些气候特征，选择在沙漠从事休闲体育活动必须有相当的体力、勇气及丰富的野外生存经验，因此沙漠特殊环境从某种程度上制约了部分人的参与。

另外，沙漠休闲体育还需特定的装备，如 GPS、高帮鞋、长袖速干衣、睡袋、防沙镜等，这些户外装备价格不菲。然而，正是由于沙漠休闲体育的挑战性、刺激性、不确定性才吸引着人们的眼球。沙漠休闲体育在我国正开展得如火如荼。

（二）沙漠休闲体育的适用人群

沙漠休闲体育具有平民化的特点。许多项目如拉沙橇、滑沙、爬沙、沙漠摩托车冲浪，都是由民间游戏演变而成。以沙漠高尔夫球为例，由于沙漠地形自然形成，没有成本，因而沙漠高尔夫球场地不用养护，打完后风沙会把"场地"吹得焕然一新；球洞和旗杆也是比赛前安装好的，打完比赛很快就能撤掉；球杆由曲棍球杆改造而成；比赛用球则由网球制成，染成红蓝几种颜色，以区分同组和赛组。这些都使沙漠高尔夫运动既能效仿通常的高尔夫球运动，又能方便开展，使平民也能领略高尔夫的乐趣。

沙漠休闲体育具有广泛的适应性和易于大众参与的特点。沙漠体育运动是以沙漠为载体，由常规体育运动演变而来的，人们无须经过特殊训练，就可以直接参与其中。

如今，我国已经开发出了许多群众性沙漠体育项目，主要有沙漠探险寻宝、沙漠射箭、沙漠驼赛、沙漠跑马、沙丘速降、登沙、沙漠沙包战等，这些项目男女老少皆宜，不同身体状况、不同职业的人都能参与。以沙丘速降项目为例，这项运动简单来说就是一个人坐上滑板从沙丘陡坡滑下，谁快谁稳谁就赢。由此可见沙漠休闲体育可以为不同人群提供健身条件。

沙漠休闲体育是沙漠与体育的有机结合，它不仅使沙漠资源得到有效的利用，而且丰富了休闲体育内容，促进休闲体育产业的发展，拉动沙漠地区经济的发展。另外，沙漠休闲体育作为一种户外运动，使人们从一种特殊的运动中去感知外部世界，去体验自然力量。在沙漠中，通过对自己意志的磨炼和对体魄的考验，人们可以得到精神上的升华、思想上的愉悦和身体上的松弛。从更深一层的意义上看,这是人类与自然和谐相处的一种体现。

(三)沙漠休闲体育的发展趋势

开展沙漠休闲体育运动,是对沙漠的一个再认识,体现出了人与沙漠的和谐共处。今后沙漠健身活动将发展成为将民俗、体育和风光旅游相融合的,且具有特色的沙漠体育运动品牌。

1. 旅游化

沙漠旅游资源丰富。除了能欣赏沙漠地区特有的粗犷、原始、苍凉的意境,还能满足人们的猎奇心理。还可用于科学考察、沙漠康疗等。

在沙漠观光中加入体育的元素,使人们在审美疲劳后,参与身体锻炼,满足人们享受和发展的需要,使游客不仅获得感官上的满足,也使身体的每一根神经每一块肌肉得到放松。发展沙漠体育旅游的意义不仅在于其对传统旅游方式的冲击,而且可在一定程度上改善与丰富人们旅游的形式与内容。

2. 健身化

在全民健身方面,我国有良好的传统,太极、秧歌、龙舟等传统休闲项目普及度很高。随着经济和社会的发展,我们可以利用经济与技术优势开发新的休闲项目,比如沙漠休闲体育。在这一理念的刺激下,沙漠休闲体育的发展速度将加快,项目内容将会得到极大的丰富,对沙漠旅游将会形成强大的拉动作用,最终形成沙漠旅游品牌,促进全民健身和旅游经济的发展。

3. 经济化

沙漠休闲体育不仅蕴含了体育运动本身的魅力,同时具有自己的特色,能够形成独特的旅游优势,带动其他产业的发展。沙漠项目发展的最终目的是促进沙漠旅游活动的发展,促进全民健身活动的推广。沙漠旅游一旦形成规模,会给长期处于经济发展低谷的沙漠地区注入新的发展活力,第三产业将围绕沙漠旅游迅速发展,优化沙漠地区经济发展模式。

4. 竞技化

沙漠资源相对于其他资源来说具有独特优势,从休闲体育角度来说,沙漠具有更广阔的空间,能够满足各种休闲体育项目对空间的需求,这是其他资源所不具备的。比如 1997 年开始举办的"中英联合横穿塔克拉玛干沙漠"活动，已经成功举办多届。人们在广阔的沙漠中穿行，欣赏孔雀河、穿过古河道、探索绿洲，成为极具吸引力的沙漠探险活动。

5. 多样化

社会生活和现代科技的发展具有多样性，这也将导致人们生活方式和生产方式的多样化。从沙漠休闲体育角度来说，多样化的社会生活和技术手段将为更多休闲体育项目的发展和优化提供基础条件。目前，沙漠竞技性体育活动有沙漠排球、沙漠足球、沙漠骆驼赛等。多种多样的沙漠活动为沙漠休闲体育的普及、推广奠定了良好的基础。此外在新的社会生活和技术条件的支持下，滑沙、沙浴等新型沙漠休闲活动逐步得到人们的认可，参与者与日俱增。

6. 科学化

休闲体育科学化的前提是休闲体育项目所蕴含的技术含量越来越高。在科技引领的 21 世纪，遵循沙漠运动的基本规律，充分利用新技术手段丰富沙漠体育项目的内容，提高沙漠休闲体育项目的安全性，优化沙漠休闲体育项目的开展条件，是推动沙漠休闲体育活动必不可少的手段。从当前来看，我国沙漠休闲体育活动虽然发展迅速，但由于管理人才的缺乏和管理体制的落后，我国沙漠休闲体育的活力仍然没有得到彻底的释放。在未来的发展中我们要以管理为基础，通过科学的手段对沙漠休闲体育活动进行优化，推动沙漠休闲体育活动的稳步发展，为我国沙漠地区旅游经济的发展奠定良好的基础。

二、沙漠休闲体育项目指导

（一）滑沙

1. 项目简介

滑沙，这项传统的休闲体育项目是沙漠休闲体育的一大亮点。来沙漠旅行如果不亲身感受一次乘坐沙板从高陡的沙丘上滑下来的刺激，定会遗憾。这一休闲运动项目使户外运动爱好者在运动的同时领略到沙漠的绮丽风光。

滑沙休闲体育项目是中国一项新兴的沙漠项目，是继滑冰、滑水、滑雪，还有滑草之后的另一新兴运动。其实早在 20 世纪 80 年代就有了，只是不为众人所知罢了。中国旅游文化的快速发展，使得这些传统的且有强烈地域特色的体育项目与旅游文化结合，形成了一些具备时尚与传统双重特色的沙漠休闲体育项目。

旅游与传统体育项目的结合使那些成熟而有地域特色的运动方式得以被发掘、重新命名、完善规则、改善设备。滑沙运动类似滑雪和旱地雪橇，需要一定的勇气和胆量。

2．基本规则、技术与方法

（1）可以趴在或者坐在沙板上，用手或脚固定使身体维持一定的平衡。

（2）准备好后，用双手拨动沙子，产生一个向前的推力。

（3）当开始下滑时，重心适当向后倒。

（4）当不小心翻倒时，只要尽量保持身体的柔软度，顺势翻滚几圈后自然会停下来。

（5）沙板可以单人乘坐，也可以双人乘坐，小孩需在成年人的监护下进行。

（6）避免在太阳直射时玩，防止沙子温度过高造成烫伤。

3．场地与器材

（1）场地。滑沙的场地选择以较陡峭的沙丘或沙堆为宜。可以是人工沙堆或自然形成的安全沙堆。滑沙滑道坡度一般为45度，滑行的速度一般控制在20米/秒左右，如图6-1所示。

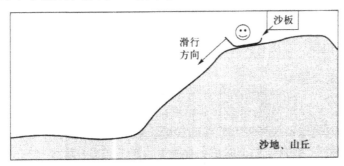

图 6-1 滑沙场地示意

（2）器材。滑沙主要用到的器材是滑板，用木质、竹子、塑料等材料制成，还有安全设备以及基本生活用品。

（二）沙地拔河

1. 项目简介

拔河，古称"牵钩"，早在唐代的时候就极为普遍。随后这项运动不断推广普及。

在体育运动竞技化和运动项目休闲化的今天，拔河已从民间走向赛场和赛场以外的场所，逐渐发展成为具有竞技和娱乐双重性的健身和比赛项目。拔河运动项目操作和组织简单，参赛人数多，且能促进团队团结拼搏、劲往一处使的精神，已成为体育比赛中一个重点集体项目。在团队目标的鼓舞下，在啦啦队的呐喊助威下，比赛选手在拔河场上互相角力，挥汗如雨，场上场下紧密互动，独具特色和魅力。

沙地拔河是将拔河场地由普通地面换成沙地进行的集体沙漠体育运动，因此在技术、技能、团队配合等方面与普通地面上的拔河有所不同，不能单靠蛮力，要更加讲究技巧。沙地可以将脚深插在沙地里，更容易形成参与者脚下助力物，形成较为稳定的摩擦力来源，因此这种你来我往的拉锯战和长时间对峙局面增多，难决胜负。这种情况下，一般是一方体力不济，队伍变形，人心涣散，才能结束一局比赛。可见沙漠拔河只有团队成员心往一处想，劲往一处使，团结协作，充分发扬团队精神，才能取得最后的胜利。

2. **基本规则、技术与方法**

（1）根据参与者人数情况决定出战队员。拔河双方队伍由人数相同、男女比例相同的多人组成。

（2）参与者双方队员手持拔河绳，呈纵队站立在各自的决胜线后，拔河绳中间拴有与中线在同一垂直平面上的红色标志物。裁判宣布比赛开始后，双方奋力拉拽拔河绳。以一方将标志物拉到自己决胜线后为胜。

（3）活动可根据参与人数情况，自定决胜局数。

（4）参与比赛双方所有人员不准戴手套，应穿普通鞋进行活动。

3. **场地与器材**

（1）场地。沙地拔河场地应选择较为平整的沙地，也可以根据参与者的个人需求进行特定场地的选择。场地规格可以根据参与者数量设定，如图 6-2 所示。

（2）器材。标准的拔河绳，标志物，必要的生活用品和安全设备等。

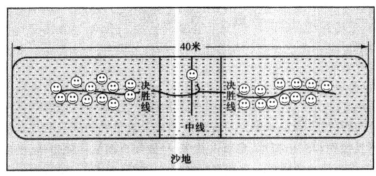

图 6-2　沙漠拔河

（三）骑骆驼

1．项目简介

骑驼驰骋"沙场"分为两种形式。一种形式为骑驼"战沙场"，即"沙漠赛驼"，是蒙古族传统的体育运动项目之一，流行于内蒙古西部号称"骆驼之乡"的阿拉善盟一带。由参与者熟练地驾驭骆驼进行速度比赛，是展现勇敢、豪放，争得胜利的项目。

赛驼和赛马一样，是西北少数民族的传统体育项目之一，具有很强的观赏性和参与性。骑赛距离一般在 10 千米 ~ 20 千米，比赛的形式可以是个人或者团体进行。另一种为休闲骑乘，主要是针对初学者或休闲者进行的体验、熟悉骑乘骆驼的活动形式，以学习骑驼和舒畅心情为主要目的，具有很强的参与性。

2．基本规则、技术与方法

（1）沙漠赛驼是一人驾驭一驼，多人一起进行的比赛，有距离、时间的限制，以取得胜利为主要目的。比赛中除非出现危险情况，否则不许骑手下驼。

（2）比赛设立起点和终点，设立比赛线路。必须从起点出发按照比赛线路跑完全程，以先到终点者为胜。

（3）休闲骑乘则是以一人骑乘，一人牵驼的形式进行的。每匹骆驼必须有一人牵住缰绳，以免发生危险。

3．场地与器材

（1）场地。沙漠赛驼和休闲骑乘骆驼主要是在室外沙漠中的安全区域进行。可以根据参与者的情况选择合适的骑乘路线和区域，也可以是事先规定的固定的安全骑乘区域。

（2）器材。骑乘所需的骆驼，安全防护设备，生活必需品，以及其他所需物品。

（四）沙漠"CS"

1．项目简介

"CS"本身是一款电脑射击游戏，游戏中有恐怖分子和反恐精英两方，他们用手中的枪械战斗，最后通过得分判定游戏的胜利。而沙漠"CS"是将这款电子竞技游戏放入现实环境中进行，且该款游戏中有双方在沙漠地形中作战的几幅地图，所以在沙漠中上演真实的"CS"，具有很强的娱乐性和可操作性。

沙漠"CS"是将参与者分为"正派"和"反派"两方进行的。参与者手持彩弹发射器，利用沙漠和戈壁中沙丘起伏，难以快速行走和躲藏的特点进行游戏。为了取得胜利，运动者都要充分利用各种战术，如组织、布阵、抑制、掩护射击、包抄、攻击、埋伏、反埋伏、侦察和退却等。

2．基本规则、技术与方法

（1）比赛区域为 500 平方米至上万平方米的沙漠、戈壁、丘陵区域，并添加一定的掩护设施。

（2）比赛当中任何一位参与者一旦越出指定区域，该参与者就失去比赛资格。

（3）双方可约定，被击中多少弹即失去比赛资格。比赛中参与者要严格遵守双方约定，达到被击中彩弹数，就要自动退出比赛。为了保证比赛的公正性，可设立裁判。

（4）参与者必须穿戴专用的彩弹防护面罩和服装，在比赛中要做好安全防护。

3．场地与器材

（1）场地。沙漠"CS"场地以沙漠"CS"主题馆的场地为主。主题馆里具备获得更好的体验所需的障碍物和掩护物体。如果参与者需要，也可以在野外沙漠中选择合适的场地进行，可以人工建立障碍物和掩护物体，如图 6-3 所示。

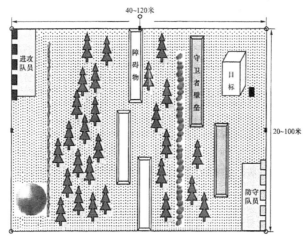

图 6-3　沙漠 CS 项目场地设置

（2）器材。彩弹枪、头盔等保护设施，以及其他竞赛所需器材。

（五）沙漠垒球

1．项目简介

沙漠垒球是将竞技垒球通过简化规则、简化场地、变更器材等形式引入沙漠中进行的活动。规则的简化可以让参与者更容易接受和学习，在休闲的同时参与到这种趣味性、观赏性强的运动项目中来。场地的简化是便于在沙漠中开展项目。器材的变更是为了让参与者更简单地进行活动，同时避免了竞技垒球所带来的伤害，也能提高参与兴趣。沙漠上的投垒游戏和正式的垒球比赛不同，沙漠上进行的垒球比赛是慢投垒球，垒球的球体更软、更大、更轻，球员不用戴手套，投球手只要把球投得更高更远，顺利完成跑垒即可得分。

沙漠垒球比赛是两支队伍交替投球和接球的比赛项目。比赛双方的目的是力争在五局比赛（即五轮投球）中获得最高分。如果一方有三名投球手被淘汰出局，那么该队的半局就宣告结束。如果五局比赛之后两队打平的话，两队将进入附加赛，直到有一方获胜为止。在一局比赛中，如果投球手投出球后沿逆时针方向顺利到达一垒，然后跑完所有的三垒，最后跑回本垒，此时，这支球队得一分。

2．基本规则、技术与方法

（1）投球手必须在本垒内投球。如果球没有落入有效区内则判定为"坏球",三次坏球则判出局。

（2）跑垒队员必须有效踏垒，漏踏或无效踏垒则返回重踏。

（3）如果投球手在接球队员接球之后上垒，那么该投球手就会被淘汰出局。

（4）守方队员接球触及或用球击中跑垒队员，则判跑垒队员出局。

3．场地与器材

（1）场地。沙漠垒球的场地选择以沙漠垒球馆场地为宜，或者可以根据情况，在较为平整的沙地上画一个边长为 15 米的正方形，每个角各画一个 1 平方米的垒，分别为本垒和一、二、三垒，以本垒角为圆心与两条边线的延长线所形成的 90° 扇形区为有效投球区，如图 6-4 所示。

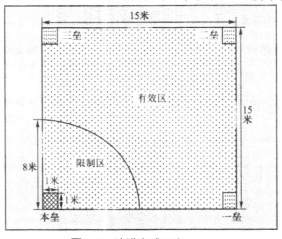

图 6-4　沙漠垒球示意

（2）器材。儿童软式排球，安全设施以及项目活动所需的其他用具。

第二节　草原休闲运动分析及指导

一、草原休闲运动项目分析

（一）项目概况

在新石器时期，从事狩猎文化的部分民族走向草原，以逐水草而迁徙的方式从事游牧生活。千百年来，游牧民族在与大自然的顽强搏斗中、各个部落的争夺中，创造出自己特有的生产与生活方式。他们从劳动生活中提炼出了增强体力和提高技能的办法，并最终演变成带有浓郁游牧民族特色的体育活动。

草原休闲体育项目正是随着社会发展在传统草原体育的基础上发展起来的。随着社会的高度发展，人性得以充分解放，个性化的特征表现得更加突出。人们不仅追求休闲体育活动，而且期望在这些活动中充分展示自我、返璞归真、放松身心，希望得到与以前旅游中所经历的不相同的东西。因此，新奇的、贴近自然的、个性化的休闲体育项目成为人们追捧的对象。

草原休闲体育项目是游牧民族在不同的历史文化条件下创造、发展起来的。由于它更贴近于我国的传统文化思想，因此更容易为广大人民群众所接受。如一年一度的那达慕就是以群众性体育竞技为重要内容。竞赛项目有赛马、摔跤、射箭、下蒙古象棋、抛"布鲁"，还有篝火晚会、叼羊、套马、驯马、搭建蒙古包、祭敖包、访问农户、品尝烤全羊等活动。独具特色的活动每年都吸引着数以万计的海内外客人。

草原上推出的休闲体育项目众多，如具有浓厚民族特色的舞蹈、节庆活动；领略草原风光的草原徒步、草原自行车游、草原越野；具有娱乐、消遣的滑草、骑马、草原探险，以及一些民族风情的赛马、摔跤、射箭等竞技比赛。这些休闲体育活动既具有民族色彩，又具有休闲、消遣、运动、娱乐性，有着广泛的群众性，人们可以根据自己的现实情况，选择适合自己的草原休闲运动项目，最终实现强身健心的运动目的。可以说，草原休闲体育成为人们追随草原的重要因素之一。

（二）草原休闲体育的特点

1. 刺激性与惊险性

草原休闲体育区别于其他一般大众旅游项目，主要在于其探索未知、尝试刺激惊险、体验成功等情感体验。如草原探险、骑马、滑草等给游客带来刺激、挑战、惊险的体验。

2. 健身性与娱乐性

草原休闲体育是以身体活动为主要特征的、轻松的、快乐的体育活动，人们在参与过程中不仅锻炼了身体，而且体验到惊险、刺激、新奇，满足人们回归自然、愉悦身心的需求。

3．鲜明的民族性

草原休闲体育大部分项目都是由传统的民族体育演变而来的，它的民族个性的体现，除了服饰、礼仪、技法有其独特性之外，最重要的个性是它的内涵。以摔跤为例，"不分等级""一跤定胜负"是它最大的特点。

4．多元的文化性

由于历史沿革和地域的独特性，草原民族形成了独具特色的生活方式和思维模式，在这种环境中产生的草原体育，从项目、方式和价值取向都构成了与中原体育文化迥然不同的鲜明特色，呈现出豪放之神、阳刚之气、壮美之韵，呈现出多元化趋势和异彩纷呈的局面。

（三）草原休闲体育的发展趋势

1．旅游化

草原观光旅游主要是满足游客的视觉需求。草原体育旅游作为特色旅游，相对于传统旅游，更具有特殊的招徕旅游者的作用。

首先，草原体育旅游是一种参与度较高的旅游活动，因而更能激发起旅游者的兴趣。

其次，草原传统体育项目，如摔跤、叼羊、射箭等都是游客们向往的体育项目。

最后，当前"健身"是时尚，旅游也是时尚，将体育与旅游结合起来开发，更有利于吸引游客的积极参与。

草原休闲体育与草原观光的结合，不仅使游客欣赏到草原独特的风景，体验到草原特有的民族风情，还使游客在同一旅游项目中获得不同的刺激与乐趣，不仅满足游客的各个感觉器官，而且刺激他们的每一根神经，使旅游者得到身心的满足。因此，草原体育作为一种特殊的产品，有着得天独厚的商业开发价值。草原旅游业的发展，必须依赖草原传统体育项目的发展，它是草原旅游业发展的内因和动力。

2．多样化

草原休闲体育项目大多都是从草原传统的体育项目演进而来的，如摔跤、射箭、骑马等。然而随着社会发展，人们回归自然的愿望增强，一些时尚的、新奇的体育项目被移植到草原上，如草原自行车游、草原越野、草原探险、草原摩托车等，以及一些依托草原开展的项目，如滑草、草原曲棍球等。

3．健身化

草原休闲体育是继沙漠休闲体育项目与水上休闲体育项目后，发展起来的一种户外休闲体育项目。草原休闲体育项目充分利用草原的优势和特点，开展放松身心、趣味性的项目，比如传统的骑马、射箭，新兴的滑草、越野、探险等项目。草原休闲体育项目是草原文化和体育项目的结合，作为全民健身运动的一种拓展，丰富了全面健身的内容。

二、草原休闲运动项目开展指导

（一）射箭

1．射箭的发展概况

弓箭，最早是在古埃及开始为人类所使用的，后来被人们运用到战争当中。反曲弓的鼻祖是亚洲人，它威力强劲能够相对准确地命中目标。在古代，弓箭作为远程武器，在战争中发挥了重要的作用。

近代，在热武器的冲击下，虽然弓箭的制造工艺不断提升，但其用途却发生了质的变化。热武器取代弓箭成为现代战争和狩猎的主要工具，但弓箭作为人们从古代沿用至今的一种工具并没有被抛弃，出于对弓箭技艺的尊重，人们逐渐将其发展成为一种体育活动。

随着现代社会的发展与进步，人们对古代的工具和技艺越来越怀念，射箭作为古代的勇武行为，必然会受到人们的追捧，这也是射箭活动在现代流行的重要原因。

2．基本规则、技术与方法

（1）场地可选择地势平坦，起伏小的区域。

（2）射箭目标可以是活动靶或固定靶。

（3）射箭比赛的环数也称分数，报环也称报靶或报分。其具体的计分方法是：射中最外面的白色环区得 1 分，越靠靶心得分越高，直到射中内黄心得 10 分。

（4）无论是否射中箭靶，箭越过 3 米线就被计分。

3．场地与器材

（1）场地。草原射箭将传统的射箭训练转化为休闲射箭项目，所以，可以使用草原业主建造好的射箭场，或者参与者根据情况在较为平坦的草地上自行建立长 30 米或 50 米的射箭场，靶面为 80 厘米宽。场地封闭，不要有随意过往的人群。可设置一个或多个箭道，如图 6-5 所示。

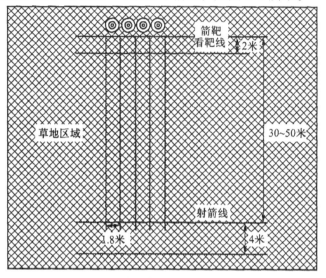

图 6-5　草原射箭草地布置

（2）器材。如果是草原业主建设的射箭场，则参与者只需要携带日常所需品；如果是参与者自行建设的射箭场，则需要弓箭若干套，射箭靶若干套，测量工具以及安全、警示设备。

（二）骑马

1. 骑马

在我国，骑术是游牧民族文化之一，掌握骑术是游牧民族生存的基本条件。草原上的人们通常把是否善于驯马、赛马作为鉴别一个优秀牧民的标准。

由此产生的体育活动带有草原游牧文化的显著特征。骑马演变成草原休闲体育项目的原因在于，马是农作地区日常生活中不常见的；游牧民族把马作为交通工具与城市以自行车、汽车代步是不同的；另外，骑马驰骋于草原上那种惬意、豪放、刺激是久居城市的人们所追求的。由此，民族风情的差异性造成了一种强烈的新鲜感，满足了人们猎奇、寻求刺激的需要。

2. 骑马项目的场地设施

（1）场地。骑马既可以作为竞技项目进行比赛，也可以作为一项纯休闲活动。

骑马对场地的要求不高，只要地势开阔、平坦就可以进行骑马活动。一般在城市骑马俱乐部中有专门的环形骑马道，与草原骑马不同。

（2）设施器材。包含以下四种。①头盔。佩戴头盔可以有效保护头部，以防从马上跌落对头部造成伤害。休闲式的骑马，虽然不一定要求佩戴头盔，但要注意安全。②手套。手套的作用是增加摩擦力，使骑手能够更紧地握住缰绳，并且手套的吸汗性也可以有效防滑。③马裤。马裤多以弹性材料制成，并在特定部位进行加厚处理，减少骑手因与马匹接触造成的摩擦损伤。在草原骑马中，可能没有专业的马裤，但一定要采取适当的保护措施，避免受伤。④马靴。马靴也是专业骑马必备的装备，但在草原骑马中，自由灵活，可以不用专业的骑马靴。

3．规则与注意事项

草原骑马是根据自己对马匹的熟悉情况和骑马技术情况，有工作人员指导或者保护的情况下，在草原上骑马来进行的休闲活动。

在骑行的过程中，应注意以下几点。

（1）马在草原上跑着跑着可能突然转弯，人没有准备就被抛下来，所以这需要事先问好马的情况，最好有了解马的情况的老手带领到骑马的地方去。

（2）地上有坑、有洞，有拉绳子或下陷的地方，石头多的地方，太滑的地方，都可能会造成马失蹄人落马，或者马急停人落马的情况。所以要先到熟悉的地方跑，不熟悉的先将要跑的路线走一遍，路上隐患太多就不适合奔跑。

（3）控制好马匹，防止马伤人，防止马踢人和咬人等情况的发生，保障骑乘者的人身安全。

（三）滑草

1．滑草的发展概况

滑草是1960年由德国人约瑟夫·凯瑟始创的一种草上运动项目。滑草与滑雪相似，动作技术要领也与滑雪大致相同。滑草通常是作为冬季滑雪项目的训练运动在实践中运用。

滑草趣味性强，符合当代人对运动休闲项目的追求。基于这个原因，滑草逐渐从滑雪训练中分离出来，作为一种单独的休闲体育项目存在。滑草在欧洲很受欢迎。根据相关机构的统计，全世界的滑草人群超过 1 000 万，并且有专业的运动员和比赛。

2. 场地与设施

（1）场地。滑草场地一般 100~300 米长，宽度最窄 30 米，最宽 80 米左右。滑草场地的坡度一般较为缓和，在场地边缘留足缓冲区域即可。

（2）设施器材，包含以下三方面。①滑草鞋，滑草鞋与滑雪鞋相同，目的是固定与支撑，并有效保护踝关节，在滑草运动中不可缺少。②滑草杖。滑草杖与滑雪杖相同，但是由于场地原因，滑草杖一般较长，能够帮助滑草者保持平衡，并支持某些动作的变向。③护具。比赛用护具主要分为头盔、护手及护小腿，都是为了防撞。初学者要特别注意防具的使用，否则很可能会因为技术动作不熟练，出现意外而受伤。这与体育健身的目的背道而驰。

3. 滑草的基本技术

（1）平地滑行。两脚平行站立，利用手腕力量将两手中的草杖向后推动，给身体施加作用力，推动身体向前滑行。

（2）直滑降。滑草器与肩同宽，上身要用力绷紧，不能晃动，并略微前倾，将重心放在腿上，同时身体放松。小腿紧贴滑草器，此时滑草器在斜坡上会自动向下滑行；上半身切不可后坐，应保持重心稳定。

（3）并腿转弯。保持和直滑降相同的姿势，利用膝盖、踝关节来控制、转变方向。向右转则加大左腿膝盖、踝关节的力量。

4. 重要赛事与注意事项

（1）重要赛事。滑草作为一项新兴的、时尚的运动项目，已被纳为一些运动会的比赛项目，如滑草接力赛、欢乐家庭滑草比赛等。目前，在我国举办的滑草赛事中，属昆明举办的国际滑草比赛规模最大，该比赛分为滑草表演赛和速滑障碍计时赛。表演赛邀请国内外滑草选手现场表演，根据动作难易程度评出表演奖；速滑障碍计时赛则按性别、年龄分组，个人、团体均可报名参加。

（2）注意事项。包含以下几项。①滑草前要做好准备工作，穿戴专门的滑草用具，如滑草鞋（板）、滑草履带和护肘、护膝等，手拿助滑杆。②滑草时眼睛要自然平视前方，身体前倾，双膝微屈，使重心向前；双肘微屈，双手握住滑杆。③草杖的套直接握在手里即可，不用套在手腕上。④

脚上的两只滑草鞋要保持平行，与肩同宽。⑤用草杖撑地，位置放在双脚的侧后方，利用手腕力量将草杖向后推动。⑥如果想在平坦的滑草坡道上变换方向，可以将滑草鞋的前端或尾端当作圆心，把滑草鞋向欲转方向分开呈 V 字形，再将外侧的滑草鞋靠拢过来。⑦初学者想停下来时，将草杖在身体两侧的斜前方撑住即可。⑧出现意外情况，一定要听从教练的指令采取措施保护自己。

（四）草原折返跑

1．项目简介

草原折返跑，是在折返跑这一竞技性和参与性强的体育活动中加入草原特色形成的。组织形式是先设定起点标志和触碰物，从起点标志开始，按照要求根据一定距离跑至触碰物（终点）处，并用脚或手碰倒触碰物后立即转身跑回起点，继续转身跑向终点，循环进行，按照比赛要求在起点和终点间做若干个来回折返。折返跑既可以用于日常教学训练，也可以用于趣味体育游戏项目。将短距离的折返跑场地设在草地上，既起到了必要的锻炼作用，也丰富了草原项目。

2．基本规则、技术与方法

（1）根据参与者的数量确定分组。

（2）参与者必须按照要求着装，进入准备区。

（3）参与者在折返路途中必须在自己的行进区域内。

（4）在折返线处必须用脚或手有效触碰触碰物。

（5）跑完规定折返次数后在终点处做记录，以免遗漏。

3．场地与器材

（1）场地。草原折返跑项目要突出草原特色，场地以较为平坦的草地为宜，设立 10 米折返跑道若干组，跑道宽 1.22 米，同时还应设立准备区。如图 6-6 所示。

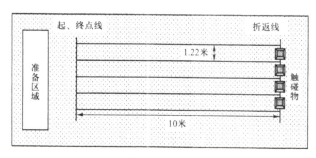

图 6-6　草原折返跑示意

（2）器材。包括场地标记线，触碰物，起点标志，记录用具以及其他器材设施。

（五）草原野营

1．项目简介

野营是一种休闲活动，通常露营者携带帐篷，离开城市在野外扎营，度过一个或者多个夜晚。草原野营是将野营活动简化为一种以草原区域为主要活动场所的休闲体育活动。

通过这一活动可以锻炼人们的野外生存能力，同时这一活动可以降低活动安全风险。可以根据所在草原地理状况选择常规露营、拖车露营或者特殊形式露营。

2．基本规则、技术与方法

（1）活动可以是团体组织、家庭组织，或者个人等形式进行。

（2）准备足够的常用药品，如驱蚊药、止泻药、外伤药等。

（3）如果遇到危险情况要及时拨打求助电话或是打出 SOS 警报。

（4）自助游者要根据自己所携带的装备和身体状况决定是否野营过夜。

（六）草原斗鸡

1．项目简介

草原斗鸡是在青少年中流传的一种体育游戏，参与者模拟公鸡互斗的景象。运动者在平坦草地上，单腿抬起至膝关节以上，用手固定，另一条腿支撑跳动，通过用顶、压、闪、碰、挑等方式将对方绊倒为目标。

草原斗鸡一般以集体比赛为主，将参与者平均分成若干组，通过猜拳方式决定出场顺序，并按照顺序指派各组冲锋者进行战斗。组织形式可以是单人的一对一，也可以是二对二的形式。草原斗鸡能够发挥青少年力量和灵敏素质，对腿部和身体发育有积极意义，同时也可以培养参与者机智、勇敢、顽强的意志品质。

2．基本规则、技术与方法

（1）比赛开始时，两队除留1～2人看守营地外，其他人从营地出发，进入作战区域。斗鸡过程中如有一方或双方失去平衡双脚着地者，淘汰下场。经过反复战斗，获得对方"营旗"返回自己营地者为胜方。

（2）双方的"营旗"颜色要有明显区别。

（3）只允许用盘腿膝盖相互撞击，不得用手或肩去推、拉、顶、撞对方。

（4）比赛中不得换腿。

（5）严格听从指挥。

3．场地与器材

（1）场地。在草原上画一个长10米、宽8米的长方形场地，两端底线中点各画一个直径为2米的圆圈，作为"营地"，内插各队的"营旗"，如图6-7所示。

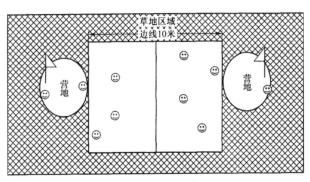

图6-7 草原斗鸡示意

（2）器材。草原斗鸡没有特定的器材要求，如果设定有比赛项目的话，则事先准备相关的比赛器具即可。

（七）草原沙包战

1．项目简介

草原沙包战是从传统沙包战演变而来，将普通泥土地面换成草地进行的休闲活动项目。在较为平坦的草地上用标志带圈出一片 10 米×8 米规格的草地,用谷物或者细沙填装 10 厘米×10 厘米的 6 面沙包进行相互击打的。打沙包在西北地区尤其宁夏地区流传较早,深受青少年喜爱。可以充分锻炼青少年相互帮助、团队意识、灵敏性、机动性等。

草原沙包战是打沙包在草原上的延续。草原沙包战一般以集体比赛为主,参加比赛的两队人数相等,以猜拳的形式决定游戏参加者进攻防守的先后顺序。比赛中一方队员全部被击打出局,就要交换进攻防守权。

2.基本规则、技术与方法

(1)进攻方分别站在场地两边边线以外,防守方站在防守区域内,进攻方通过两边相互配合用沙包击打防守方身体,且不让对方接住沙包。如果防守方接住沙包可得 1 分或者营救一位出局的伙伴。

(2)如果进攻方丢出(高传或者平传)的沙包由另一端伙伴接住,防守方就不能移动,等待对方沙包出手后才可移动。违规移动者出局。

(3)当防守方全部被击打出局后,双方交换继续进行游戏。

(4)比赛可根据参与人数和参与者体质状况确定游戏时间和局间休息时间。

3.场地与器材

(1)场地。草原沙包战是为了让这一民间比较普遍的活动与草原融合,给参与者以更加惬意的享受,所以草原沙包战地址的选择主要是根据参与者的意愿,选择地势平坦、环境优美、避风的场所,如图 6-8 所示。

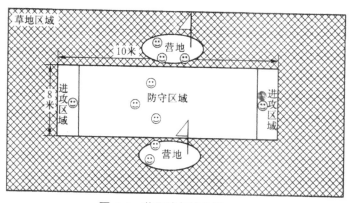

图 6-8 草原沙包战示意

(2)器材。包括沙包、保护手套以及其他比赛需要的物品和器具。

第七章　冰雪休闲体育项目及
开展指导

2015 年 7 月 31 日，国际奥委会大会在吉隆坡投票选出 2022 年冬奥会举办城市。国际奥委会主席巴赫宣布北京成为 2022 年冬奥会的举办城市。北京 2022 年冬奥申委在《申办报告》中庄严承诺"以运动员为中心、可持续发展、节俭办赛"的三大理念。

"三亿人参与冰雪运动"的目标为中国冬季体育运动发展描绘了精美蓝图，北京冬奥会将秉持可持续发展的理念，把冬奥会申办、筹办、举办与城市生态环境改善、经济社会发展紧密结合起来，树立奥林匹克运动与城市良性互动、共赢发展的典范，创造更多积极、持久的奥运遗产。

第一节　滑雪休闲运动分析及指导

一、滑雪休闲运动项目分析

目前世界上已形成三大滑雪旅游地区：欧洲、北美、亚洲东部。北欧是冰雪运动的发源地，斯堪的纳维亚半岛地区冬季雪多，雪期长达五个月，以北欧滑雪者为主，接待全球 11% 的滑雪者，适于开展滑雪运动，但因缺乏阿尔卑斯山脉那样的高山，高山滑雪不够普及，而越野滑雪和跳台滑雪却开展得较好。

北美滑雪场分布在美、加交界地带和阿拉斯加、落基山脉，以大型滑雪度假区的形式存在。加拿大温哥华以北约 120 千米的惠斯勒是北美洲最大面积的滑雪胜地，是温哥华冬奥会雪上项目的举办地，每年有超过 170 万的滑雪人士到此胜地享受滑雪之乐。惠斯勒拥有超过 200 条高品质滑雪道。

惠斯勒曾于 2010 年承办温哥华冬奥会雪上项目。它是北美最知名的滑雪胜地，有"雪上明珠"之称，温哥华也连续被选为世界上最适宜人类居住的城市之一。

世界上大规模的滑雪场一般是自然滑雪场，服务对象是全世界的广大滑雪爱好者。世界上成功的滑雪胜地无一不是定位于休闲、娱乐、旅游、滑雪的消费场所。世界著名滑雪胜地，如表7-1所示。

表7-1 世界著名滑雪胜地分布情况

国家	滑雪场名称	滑雪场地点	滑雪场规模	饭店规模
美国	阿斯盆雪场	科罗拉多州	适应各级滑雪者	五星级酒店
意大利	克梯纳滑雪场	克罗帝那	举办过冬奥会	五星级酒店
加拿大	斯托滑雪场	佛蒙特州	两座滑雪场	90家商店60家餐馆
法国	夏蒙尼滑雪场	蒙特布兰斯	海拔4800米，雪道总长度22048米	五星级酒店
加拿大	刘易斯湖滑雪场-路易丝湖滑雪场	刘易斯湖	拥有三块滑雪场	五星级酒店
美国	维尔滑雪场	科罗拉多州	21平方千米滑雪场	五星级酒店
瑞士	泽马特滑雪场	泽马特	世界顶级度假胜地	三座五星级酒店
奥地利	基茨比尔滑雪场	因斯布鲁克	举办过两届冬奥会	五星级酒店
加拿大	惠斯勒滑雪场	卑斯省	投资6亿美元	100家酒店

亚洲区域的滑雪场主要分布在东部。日本举办过两届冬奥会，分别是1972年札幌冬奥会和1998年长野冬奥会。韩国平昌是2018年冬奥会的举办城市，近年来亚洲正在成为冬季运动新兴的区域。

相对于欧美与亚洲的韩国和日本，中国的滑雪休闲产业有一定差距。随着北京成功举办了2022年冬奥会，中国的滑雪休闲产业已经迎来春天，产业发展的空间与潜力很大。休闲滑雪以健身娱乐为目的，男女老少都可以根据本人的条件和爱好选择合适的滑雪项目及玩法。

例如，老人可以选择安全平稳的越野滑雪；身体协调、技术动作熟练、富有进取精神的青壮年人群可以选择速度快、惊险刺激的高山滑雪；青少年人群可以选择动感、刺激、时尚的单板滑雪等。可以结合旅游，也可以结合度假，选择条件较优越的滑雪胜地，享受休闲滑雪带来的生活乐趣。

二、滑雪休闲项目开展指导

（一）高山滑雪休闲运动

按照滑雪人口、雪场规模及社会效益等指标统计，高山滑雪休闲运动是世界上第一大冰雪休闲运动。一般情况下，人们是以高山滑雪技巧衡量一个人的滑雪技术水准的。

一名滑雪爱好者，手头拥有一套高档的高山滑雪行头，是引人羡慕和非常自豪的事情。在欧洲、北美洲，或是日本，你可以看到周末公路上行驶的房车或更多的是顶棚捆绑着滑雪板的私家车，那是到预订的滑雪场和旅馆去滑雪度假的家庭或亲友。这已经形成了一种滑雪休闲生活方式。

1. 项目简介

高山滑雪起源于欧洲，可称为"阿尔卑斯滑雪"或"山地滑雪"。被誉为"冬奥会皇冠上的明珠"。高山滑雪的英文是 Alpine Skiing，可想而知，中国人翻译的"高山"是指阿尔卑斯山。

虽然高山滑雪作为一项滑雪运动，人们对其准确的起源存有争议，有人说起源于北欧，有人说起源于中欧，但是高山滑雪的名称肯定与横贯中欧的阿尔卑斯山有关。特定的地理生态环境产生了特定的生存和生活方式。

每年有八个月处于冰天雪地的北欧原住居民早在五千多年前就已经开始滑雪了。早期的滑雪由原始狩猎雪上移动方式演变而来，并逐渐成为一种滑雪运动形式在北欧流行开来。

随着滑雪条件的不断改善及滑雪器械、用具、雪上交通工具的现代化，冰雪休闲运动得到发展。最初的高山滑雪器械是使用木板作为滑雪板，用绳索系牢鞋与木板。人扛着雪板爬上山坡顶端，然后顺着山坡向下直线滑行，摔倒在平地的雪堆上。随着滑雪者技术的熟练和掌握了停止及回转技术，人们开始追求在越来越高的山坡和陡坡上滑雪。拖牵、索道、缆车等高山雪道运输工具应运而生。高山滑雪再也不是最累的需要爬山的滑雪项目了，而是坐着缆车上山，顺着山坡快速滑下高山的享受速度、刺激和快感的滑雪休闲运动。

后来，人们发明了专门的滑雪靴，质地上乘的滑雪板等。高山休闲滑雪运动首先在欧洲继而在北美洲、亚洲、大洋洲等地区开展起来。与高山滑雪回转技术有密切关系的奥运会比赛项目，还有雪上技巧及雪上追逐赛等衍生项目。

休闲滑雪一般采用的高山滑雪技术有回转、大回转、速降等。业余滑雪爱好者追求更高、更快、更优秀的滑雪技术，一方面提高了休闲高山滑雪条件，如更高更好的滑雪场和滑雪道；另一方面也会增加出现危险、伤病和事故的概率。

因此，国际、国内有关机构建立了高山休闲滑雪技术学习和培训制度。滑雪场根据休闲滑雪者的技术水准或培训标准为他们提供不同难度的滑雪道，有偿提供滑雪教练，同时，加强医务管理和急救措施，保证滑雪者的人身安全。

休闲高山滑雪场周围一般建有不同档次的饭店和旅馆，提供休闲娱乐场所和其他消费服务项目。滑雪者可尽情地享受休闲时光。滑雪带来了巨大商机，并形成了相关产业市场。国内外众多的投资人得到的回报是滑雪相关产业带来的滚滚财源。反过来，投资人的市场行为和追加投入促进了大众休闲滑雪运动的发展。

高山滑雪休闲运动对于促进社会文化和区域经济发展具有不可替代的作用和价值。奥地利、日本等国家的许多偏僻山区和农村，因为休闲滑雪和冬季旅游已经发展成为现代化的村镇或旅馆群。当地村民的收入水平相当高。

对于滑雪者而言，高山休闲滑雪的人文和锻炼价值是：享受新鲜空气，享受滑雪速度、回转和节奏感的运动刺激，享受掌握和运用熟练滑雪技巧带来的成功感、征服感，享受家人、亲朋等聚会、社交带来的快乐，享受生活。

2. 场地和设施

高山滑雪的场地和主要设施包括数量不等的滑雪道。滑雪道的建筑规格需要经过专门的设计和搭建。滑雪道要求有不同的长度、宽度、坡度和弯度等。要区分初级滑雪道、中级滑雪道和高级滑雪道。滑雪道的雪层覆盖要以安全和滑雪舒适为主，需要经常修整和压雪。自然雪道需要经常检查和修整。人工造雪的雪道也需要定期修补和铲除冰块。

在加拿大、美国等超大雪场，雪道需要明确标出方向、方位及路标，指引迷路者沿着正确的路径返回驻地。缆车、拖牵、索道等要定期检修。上下缆车要保证安全，要有专门的安全制度和措施，还要有造雪机、压雪车、雪地摩托等。

中国高山滑雪项目底子薄，但在北京冬奥会的激励下，实现了跨越式发展。在北京冬奥会高山滑雪项目的 11 个小项中，中国队实现了全项目参赛。中国高山滑雪，实现了跨越式发展。

此外，滑雪场周围设有滑雪旅馆、饭店、商店、银行、交通、通信、娱乐场所等服务设施，我国规模最大、设施最齐全是的黑龙江亚布力滑雪场，如图 7-1 所示。

图 7-1　我国规模最大、设施最齐全的黑龙江亚布力滑雪场远眺图景

3．器材、用具（品）

高山滑雪的器材和用具包括：滑雪板、滑雪杖、雪靴和其他用具如图 7-2、图 7-3、图 7-4、图 7-5、图 7-6 所示。高山滑雪使用的滑雪板根据回转半径不同长度亦不同。小回转使用的雪板最短，易于转弯和旋转，大回转使用的雪板较长，滑行速度较快时稳定性好；速降雪板最长。

高山滑雪板组成的材质及制作工艺都很复杂。滑雪板由前部、中部（腰部）、后部组成，中部安装固定器的部分称为"重量台"。滑雪板两侧镶有硬钢边。高山滑雪板的外形是前部宽、中部窄、后部居中，侧面形成很大的弧线。"卡宾"板，俗称"大头板"的外形更是如此，这种外形设计就是为了便于转弯，特别是有利于小转弯。

传统的高山滑雪采用的是平行回转技术，使用的滑雪板窄而长。卡宾技术使用的滑雪板短而宽，尤其是雪板的两端更宽且呈圆弧状。雪杖的长短取决于滑雪者的身高和臂长。休闲滑雪者如果使用传统滑雪板，选择的滑雪板的长度比自己的身高短 10 厘米左右；如果使用卡宾滑雪板，板长比自己身高短 15 厘米左右。雪板短，灵敏性高，易回转，但稳定性较差。因此，如果追求速度很快、难度很大的高山滑雪技术，使用的滑雪板不要太短。选择合适的雪靴很重要。雪靴的尺寸比普通鞋大一号或穿着舒服。挤脚不但脚不舒服，而且还会冻脚甚至伤脚。

滑雪场会提供与雪靴号码相匹配的雪板及固定器。滑雪者只需学会穿雪靴和穿雪板就可以开始滑雪了。有条件的给自己配上滑雪头盔、滑雪镜、手套、服装等滑雪设备效果更佳。

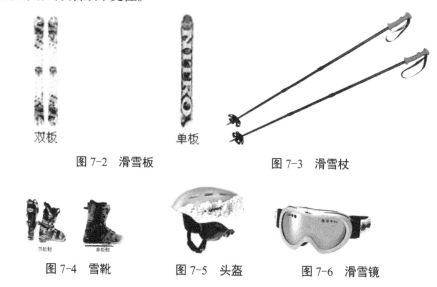

双板　　　　单板

图 7-2　滑雪板　　　　　　　　　　图 7-3　滑雪杖

双板靴　　单板靴

图 7-4　雪靴　　　　图 7-5　头盔　　　　图 7-6　滑雪镜

（二）单板滑雪休闲运动

单板滑雪运动员穿着单个滑板完成滑降、回转、跳跃、转体等运动。欧洲人预言单板滑雪运动很快就会在世界普及，甚至比高山滑雪更受青年滑雪爱好者的欢迎。事实也如此。单板滑雪作为一个滑雪大项被列入冬季奥运会的正式比赛。小项包括单板回转、单板障碍追逐赛、单板 U 形场地技巧等。大众休闲单板滑雪运动在欧美开展广泛。

近年来我国单板休闲滑雪运动发展迅速。尤其是年轻滑雪者，对单板滑雪运动更是十分推崇。相信不久的将来，会有越来越多的人喜爱并参与单板滑雪休闲运动。与高山滑雪比较，单板滑雪运动更加具有休闲娱乐性。

1．项目简介

单板滑雪（Snowboard）（又称滑板滑雪）。就其运动形式和竞赛项目而言，可分为平行双人回转、U 形场地单人的斜滑、跳跃、倒立、旋转运动及在起伏不定不同地形的场地上进行多人的滑降、回转、穿越等追逐比赛。2010 年温哥华冬奥会开幕式有一名单板滑雪者从 2000 多米高山滑降而下，那是单板极限运动或探险运动。单板极限运动和山地探险滑降运动既不是竞技项目也不是休闲滑雪运动，没有经过专门的训练，不具备必要的条件不得从事这种滑雪运动。

2. 场地、器材

（1）场地。单板滑雪除了 U 形场地和山地追逐赛项目之外，一般可以在高山滑雪场地上进行。单板极限滑雪则设有专门的场地。

（2）器材、服装。滑雪单板：单板的构造及滑行条件同高山板（SKI）很相近，如图 7-7 所示，但玩法（技巧）和装备不同。滑雪单板一般分为三类。①竞技型（RACE）：板尖部分略微翘起，板比较窄，尤其板腰部分，基本上只在雪道上滑行，适合于回转、比赛。②多功能型（FREERIDE）：多功能的大众全能板，不仅可以在雪道上滑，而且可以在深雪中滑。此板前后端都向上翘起，但方向性还是很明确。③自由式板（FREESTYLE）：用于跳跃、旋转等方式的技巧滑雪板。

单板滑雪鞋：单板的鞋分为软鞋和硬鞋两种。硬鞋同高山滑雪鞋非常相似（硬的外壳及柔软的内鞋套），只用在少数竞技比赛中（如大回转）。舒适轻便的软鞋在近些年得到推广。

固定器：同高山滑雪最大的区别在于单板固定器将鞋和板真正固定在一起，如图 7-8 所示。软鞋和硬鞋要配不同的固定器。目前软鞋系列占领着市场。固定器的最新发展趋势是所谓的 STEPIN 固定器，即在鞋的底部加上一块特殊金属，用于固定鞋和板。

滑雪服：同高山滑雪服一样，滑单板时的服装也要防水、防风、透气，并能保证身体活动自如。此外，还要用一些护具如护膝、护肘、护腕、护臀、头盔、手套等加以保护。同样，风镜也是必不可少的。

图 7-7　单板滑雪板

图 7-8　单板固定器

第二节 滑冰休闲运动分析及指导

一、滑冰休闲项目发展

花样滑冰运动是一种艺术,它是体育、舞蹈、音乐三位一体的复合体、花样滑冰是一种历史,在元朝便有了"冰嬉"、清朝更有了北海的冰上表演。花样滑冰更是一种文化,中国传统的冰上表演就有双飞燕、蝶恋花、猿猴抱桃、凤凰展翅等充满中国文化色彩的动作。

约公元 936 年,就有关于滑冰的记载,这可能是最早关于滑冰项目的记录了。

1250 年,荷兰人发明了铁制冰刀,将这种冰刀固定在木板上。

1572 年,英格兰的一名铁匠制成了第一副有锋利内刃、外刃和前端弯曲刀尖的全铁式冰刀,标志着冰刀进入现代化的开始。

1742 年,第一个滑冰俱乐部在英国成立。

1809 年,有关滑冰的书籍正式出版。

1814 年,开始举办滑冰比赛。

1850 年,铁制冰刀改为钢制冰刀。

1879 年,荷兰阿姆斯特丹举办了首届国际速滑比赛,其中参赛国有 13 个,并决定每年举办一次。

1936 年,举办首届女子滑冰锦标赛。

1924 年,冬奥会增添男子速滑项目。

1960 年,冬奥会增添女子速滑项目。

20 世纪 30 年代,现代花样滑冰传入我国,在全国部分地区(哈尔滨、长春、沈阳、北京和天津等)学校开展。

经过中国几代人的努力与拼搏,中国花样滑冰已融入世界,通过努力和耀人的成绩获得了世界花样滑冰的认可,并成为世界花样滑冰界一支不可忽视的力量。

1943 年,花样滑冰项目在延安冬季运动会上首次表演。

1953 年,首届全国冰上运动会进行了男女单人滑比赛。

1980 年,我国首次参加第 13 届冬奥会,同年 3 月参加多特蒙德世界花样滑冰锦标赛，从此，我国花样滑冰走向世界，并不断取得优异成绩。

1999 年至 2002 年，我国运动员先后在世锦赛、日本 NHK 大奖赛、盐湖城冬奥会等重要赛事取得佳绩。

2010 赛季是我国花样滑冰史上最辉煌的一年，不仅囊括了成年和青少年大奖赛分站赛、总决赛双人滑冠军，而且赢得四大洲锦标赛和世界锦标赛双人滑桂冠，而最令人振奋的是申雪/赵宏博、庞清/佟健在 2010 年 2 月 14—26 日加拿大温哥华第 21 届冬奥会上，分别摘得了双人滑的金牌和银牌，实现了中国花样滑冰在冬奥会金牌为零的突破。

2015 年世界花样滑冰锦标赛在上海举行，这是花样滑冰世锦赛首次在中国举行。

2022 年北京冬奥会举办，其中花样滑冰双人滑自由滑比赛在首都体育馆举行，我国选手隋文静/韩聪夺得双人滑冠军。

本节主要介绍速度滑冰、花样滑冰和冰壶运动。

二、滑冰休闲项目开展指导

（一）速度滑冰项目

1. 直道滑跑

直道滑跑由姿势、蹬冰动作、蹬冰方向、蹬冰角度、蹬冰步幅、收腿动作、下刀动作、惯性滑进动作和全身配合动作等组成，需要全身各部位的配合。

（1）两腿的配合。两腿的配合由 4 个时期、8 个动作形成一个复步，反复循环而构成。

（2）上体、臀部与腿的配合。在蹬冰、收腿、惯性滑进、下刀动作过程中，运动者上体和臀部应保持与滑跑方向相一致；进入蹬冰阶段，惯性滑进动作由正刃变到内刃之后，体重放在蹬冰腿上，上体、臀部向蹬冰方向移动（利用体重蹬冰）；蹬冰结束的刹那体重移到新的支撑腿上，上体沿着新的方向随同支撑腿向前运动。

（3）两臂与两腿的配合。滑跑时臂的摆动速度稍快于两腿的动作速度，摆臂动作中手的移动轨迹有 3 个位向点：前高点、后高点、下垂点。当左臂位于前高点时，右臂位于后高点，这时左腿正位于结束蹬冰阶段，右腿正位于滑进时要由正刃变内刃的阶段；当左臂位于下垂点时，右臂也正位于下垂点，这个时候左腿处于收腿结束阶段，右腿正要开始蹬冰阶段；当左臂位于后高点时，右臂正在前高点，此时，右腿正位于要结束蹬冰阶段，左腿正处在滑进时要由正刃变内刃的阶段。

（4）摆臂动作。正确的摆臂动作有助于增强蹬冰力量，有助于迅速移动重心和提高滑跑频率。摆臂是顺着身体纵轴前后加速摆动，当臂向上摆动时蹬冰腿的蹬冰力量增加。两臂摆动越快，重心移动越快，要提高滑跑频率则要采用快摆臂和缩小振幅。摆臂有摆单臂、摆双臂两类，前者多用于中、长距离，后者多用于短距离及中、长距离的终点冲刺。现代优秀运动员在中长距离滑跑时也都采用摆双臂动作。

2. 弯道滑跑

速度滑冰分直道和弯道滑跑。在 400 米跑道上，弯道滑跑距离有 175.93 米，可见弯道技术是相当重要的。弯道滑跑由弯道滑跑姿势、弯道蹬冰动作、弯道收腿动作、弯道下刀动作、弯道惯性滑进动作和弯道全身配合动作、弯道摆臂动作、进出弯道技术等组成。

3. 起跑

起跑的任务是用较省力的方法在最短的时间内使身体由静止状态获得最理想的加速度。起跑技术由预备姿势、起动、疾跑、衔接 4 部分构成。

4. 速滑场地器材

速滑比赛场地为椭圆形，周长 400 米，分为 2 条弯道和 2 条直道，其中一条直道为换道区；直道距离 111.98 米，外弯道长 95.82 米，内弯道长 80.11 米。速滑比赛时，每 2 名运动员为一组，分道同时滑跑，每滑 1 圈，2 人都必须在换道区交换内外道，使滑跑距离相等。

（二）花样滑冰项目

花样滑冰是冰上项目的一种。运动员足蹬冰鞋在冰面滑行中配合音乐滑出各种图案，做出各种跳跃、旋转和造型动作。

1. 单、双人滑短节目

短节目由规定的跳跃、旋转、联合跳跃和联合旋转共 8 个动作和连接步组成，运动员自选音乐，根据要求编排一套不超过 2 分 40 秒的节目。

评分包括规定动作和表演，裁判根据动作完成质量、难度和完成情况先评出规定动作分，然后根据内容编排的均衡性和音乐的一致性、速度、姿态优美程度、冰面的利用以及音乐特点表达等评出表演分。规定动作和表演满分均为 6 分，两者相加之和即为最后得分。

2．自由滑

自由滑由跳跃、旋转、步法编排而成，运动员自选音乐，尽可能用动作表现音乐主题，滑行时间为 4 分 30 秒。自由滑是花样滑冰进行艺术表演和个性表达的一种方式，技术动作和艺术表演都有完全的自由，整套内容中的基本动作必须十分均衡和互相融合。自由滑有技术水平分和表演分，评分方法和确定名次与短节目相同。

3．冰上舞蹈

冰上舞蹈由规定舞、创编舞和自由舞组成，比赛分别在 3 天进行。规定舞根据规定的音乐、图案、步法和重复次数进行比赛，共有 18 种，每次比赛其中 2 种，评分包括技术和节奏表演。每个舞种满分均为 6 分，从节奏感、图案和步法的正确性、舞蹈风格体现及身体协调性等方面进行评分。

4．花样滑冰场地器材

标准花样滑冰场地与短道速滑相同，为 60 米×30 米，场内设有播音和音乐设备，练习场地应设有录像和放像设备，供教练员和运动员随时使用。比赛场地还应设有裁判席计分设备等，冰场外侧应设有教练和运动员席。

花样滑的器材主要是冰刀和冰鞋。花样滑冰刀由具有一定厚度的 3～4 毫米特殊钢材制成，刀刃有一定弧度和均匀的厚度，前后部弧度稍大；刀刃从前至后为纵形沟刃，两侧锐利，刀沟深度均匀一致；冰刀内外两侧刀刃平行，高度一致。冰刀前端有刀齿，为跳跃动作点冰所用；下方近冰面处有一大刀齿，为跳跃起跳以及落冰、旋转起转时制动用。冰鞋是高腰、高跟的皮革制品，鞋底厚而硬，鞋帮有一定硬度，便于固定脚跟部。冰刀的正确位置是刀刃处在冰鞋正中。

（三）冰壶项目

1．项目概况

冰壶又称冰上溜石，是以队为单位在冰上进行的一种推掷性竞技运动，被大家喻为冰上的"国际象棋"，被认为是可以从 9 岁玩到 90 岁的一项休闲运动。我国登记在册的冰壶运动员不过 100 多人，从事冰壶运动的人也很少。冰壶这项运动是适合普通人玩的游戏，它不分年龄、性别以及身体素质。但冰壶装备非常昂贵。

冰壶起源于 14 世纪的苏格兰，至今在苏格兰还保存刻有"1511 年"字样的砥石（即冰壶）。最初，冰上溜石是苏格兰人冬季在池塘或河道内冰上进行的一种类似滚球的游戏。出现后深受人们喜爱，经过漫长的发展，演变成为现在的冰壶运动。冰壶运动的发展从 18 世纪第一个冰上溜石俱乐部在苏格兰成立开始，于 1807 年和 1820 年相继传入加拿大和美国等地。冰壶作为一项冬季运动在欧洲和北美逐渐开展起来。

20 世纪初，通过加拿大冰壶爱好者的努力，这项运动的比赛规则和方法更加完善，并由室外逐渐移入室内。1924 年冰壶被列为冬奥会表演项目，1957 年苏格兰杯锦标赛将冰壶运动推向世界，并推动了国际冰上溜石联合会（后更名为世界冰壶联合会 WCF）的建立。

此后为进一步推动冰壶运动的扩展，联合会先后举办了世界冰上溜石锦标赛、世界青年冰上溜石锦标赛，1988 年和 1992 年冰壶再次被列为冬奥会表演项目，扩大了冰壶运动的影响。1998 年在第 18 届日本长野冬奥会上被列为正式比赛项目，现有男女组两个小项。

2．冰壶场地器材

冰壶的比赛场地为长方形。场地四周设有 2 英寸高、4 英寸宽的木框（1 英寸=2.54 厘米），以防砥石滑出界外。从木框的内缘算起，场地长 44.5 米，宽 4.32 米。冰壶比赛用的标准砥石是由英格兰产的不含云母的花岗岩石制作而成。砥石的直径为 29 厘米，厚度为 11.5 厘米，重 19 公斤，如图 7-9 所示。

图 7-9　冰壶

为减少砥石同冰面的摩擦，比赛前要向冰面均匀地喷洒水珠，以使冰面形成点状麻面。

在场内有 6 条与端线平行的横贯全场的蓝线，中间有两条前卫线，两端的两条称后卫线。

前卫线的宽度为 4 英寸，后卫线的宽度为 1 英寸。

在前卫线和后卫线的中间有一个纵横交叉的十字线，称为丁字线。丁字线的交叉点是营垒的中心点。

以中心点为圆心，向外分别画半径为 0.15 米、0.61 米、1.22 米以及 1.83 米的同心圆圈，将外面的两圈之间涂为蓝色，里面的两圈之间则涂为红色。在场内的两端距离端线 1.22 米处中心线上各装有一个高 2 英寸、宽 18 英寸用木螺丝固定在木块上的斜面橡胶起踏器，如图 7-10 所示。

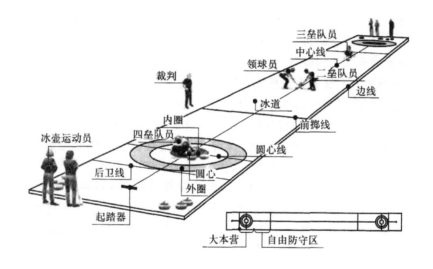

图 7-10　冰壶比赛场地

3．比赛规则

冰壶比赛每场有两队参加，每队由 4 人组成。比赛共进行 10 局。进行的方法如下：

比赛双方按一垒队员、二垒队员、三垒队员以及主力队员的顺序，先交替各投一次，然后再依次投第二次。

比赛开始时两队投掷砥石的顺序通过抽签决定，从第二局开始，则由上局的优胜队首先投掷。每局以两队的砥石距离大本营（亦称营垒）圆心的远近决定胜负。假设 A 队有两枚砥石距离圆中心比 B 队离圆心最近的一枚砥石还近，则 A 队得 2 分。比赛结束时以得分多的队为胜方。

第八章　空中休闲体育项目及
开展指导

随着现代人闲暇生活视野的开阔以及为满足人类自身追求自由翱翔的梦想，以滑翔为代表的空中休闲体育运动在国内外蓬勃发展。目前在我国开展的空中体育休闲娱乐活动项目包括滑翔机、动力悬挂滑翔机、热气球、飞艇、跳伞、滑翔伞、动力伞、悬挂滑翔等。

本章主要介绍滑翔伞、跳伞、热气球等相对容易开展的空中休闲体育项目。合理地开展空中休闲运动对增进身心健康、培养创造力与毅力、增进人际关系、拓展生存领域、养成良好生活习惯等方面都有重要的现实意义。

第一节　跳伞休闲运动分析及指导

一、跳伞运动简介

了解跳伞运动首先要知道什么是降落伞。降落伞是指在一定高度上，人或物体利用空气阻力对抗重力减缓下降速度的一种软质器具。

跳伞运动是指人们利用工具从高空向下跳，或者在陡峭的地方利用降落伞借助空气的阻力，在空中进行各种规定动作的一项体育运动。这种运动具有挑战性和刺激性，也被世界誉为"勇敢者的运动"。

起初，我们看到的降落伞是圆形设计，这种设计利用巨大的伞衣承受空气阻力，以减缓下降速度，确保跳伞者能够安全着陆。但是这种设计几乎没有自主的水平速度，完全随风漂移，跳伞在着陆时很难到达预定位置，为此，在 20 世纪 70 年代，人们研制出了翼形伞。

（一）跳伞运动的起源

通常情况下，人们理解的跳伞运动类似伞兵从飞机上的跳伞，在空中打开伞后出现的白色圆形降落伞。其实，跳伞运动早在公元前一百年西汉时期的《史记·五帝本纪》中，就有过相关原理的记载。史学家司马迁在他的著作中写道："使舜上涂廪，瞽叟从下纵火焚廪。舜乃以两笠自扞而下，去，得不死。"故事的大体意思是，上古时代，有个叫舜的人，有次上到粮仓顶部，瞽叟从下面点起了大火，舜利用两个斗笠从上面跳下，没有被烧死。这是人类最早应用降落伞原理的记载。

1994年日本出版的《落下伞》一书中介绍说："由北京归来的法国传教士发现如下文献，1306年皇帝即位大典中，杂技师用纸做的大伞，从高墙上跳下来，表演给大臣看。由于利用了空气阻力的原理，艺人飘然落地，安然无恙。"这可以说是跳伞运动的一次完整试验。

1977年出版的《美国百科全书》中也写道："一些证据表明，早在1306年，中国的杂技演员们便使用过类似降落伞的装置。"后来被传到东南亚等国家，随后相继传到欧洲一些国家。到17世纪，这种跳伞杂技表演在欧洲得到广泛发展，深受人们的青睐。伞也由纸质改成布质、绸质，形状由圆形改成多样形。

真正实践跳伞成功的人是法国人加勒林。1797年10月22日，加勒林在100米高空的巴黎，将乘坐热气球的系绳砍断，吊篮迅速从高空坠落，人们在一片惊呼的同时，突然看到连在吊篮上的一块白色大帆布蘑菇般地张开，载着加勒林摇摇摆摆地落在地面上。从这一刻开始，世界出现了一项新的运动——跳伞运动。

18世纪30年代，随着气球的问世，为了保障浮空人员的安全，杂技场上的降落伞开始进入航空领域。据国外资料介绍，当时有人制成一种绸质硬骨架的降落伞，以半张开状态放置在气球吊篮的外面，伞衣底下带有伞绳，系在人的身上。如果气球失事，即可乘降落伞落地。

从18世纪末开始，跳伞运动在欧美国家发展迅速，并逐渐传播到世界多个国家。1926年，美国将跳伞运动正式列为比赛项目；20世纪50年代，跳伞运动成为一项国际性体育竞赛；1951年，第一届世界跳伞锦标赛在南斯拉夫举行，并规定每两年举行一次。

20世纪90年代，随着空中滑板极限运动的兴起，运动员除了装备降落伞以外，脚上还穿有一种特别的滑板，运动员在空中利用空气完成各种技术动作，如旋转、翻腾和滑行等。目前这一项目已正式被列为ESPN（世界极限运动最具有权威性的组织机构）极限运动会项目。

从最早在热气球上跳伞，逐步发展成今天的飞机跳伞、牵引升空跳伞和伞塔跳伞等多种方式，对于爱冒险的运动者来说，从悬崖和摩天大厦跳伞也成为一种时髦。至今，跳伞运动已经在世界范围内成为一种流行的休闲体育项目。

目前，跳伞项目除了传统形式以外（特技、定点、空中造型、空中踩伞等），增添了许多新的跳伞形式，如自由式跳伞和空中滑板跳伞，可以说这一演变是从单纯的竞技性运动发展成集休闲、娱乐和极限于一体的运动。

（二）我国跳伞运动的发展

我国跳伞运动发端于空降兵。1950 年中国人民解放军空降兵在开封进行了第一次示范跳伞，随后组织了各种跳伞训练和表演，取得了卓有成效的佳绩，为我国跳伞项目的发展奠定了良好的群众基础。1952 年应国防体协的要求，借调和转业了一些我国空降兵中部分干部，作为地方跳伞运动的教练员，在群众中开展跳伞运动，至此，我国跳伞运动逐步发展起来。

1958 年 9 月 17 日到 27 日，中国人民航空俱乐部在北京良乡举行了全国滑翔跳伞比赛，这是中国第一次全国性的跳伞比赛。1964 年 8 月中国航空运动协会跳伞委员会成立，1978 年 10 月 21 日国际航联正式接纳中华人民共和国为会员国，从此，中国便开始参加国际航联组织的一系列世界性的比赛。经过几代人的共同努力，跳伞技术水平迅速提高，在世界及国际重大比赛中取得许多优异成绩。

（三）跳伞运动的主要装备

跳伞运动中，基本装备对于爱好者来说非常重要，能够保证爱好者的生命安全和跳伞成功。以下介绍跳伞的主要装备。

1. 背带

主要作用是抓住身体。

2. 容器

主要作用是放置主伞盖和备用伞盖，容器连接到背带上。

3. 主伞盖

存放在容器中，通常先打开该伞盖。

4. 备用伞盖

备用伞盖与主伞盖相似，是在主伞盖没有打开的情况下，备用时使用的。

以上四种是跳伞爱好者必须准备的装备。除了上述四种外，还要准备其他装备以确保整个系统正常运行，下面介绍其他装备。

（1）固定开伞索和挂钩（仅限固定开伞索跳伞）或主开伞索。主要作用是打开主伞盖。

（2）切断手柄。主要作用是分离主伞盖与跳伞人。该手柄用于主伞盖无法打开的情况下，手柄可帮助改变跳伞人上方的气压，使备用伞盖可以打开并保证不会与主伞盖缠绕。

（3）备用手柄。功能是打开备用伞盖。

（4）前后升降器。操作伞盖。

（5）自动激活设备。该设备主要作用是不断分析周围的大气压情况，是一种大气压装备，主要分析高度以及下降速度。当高度低于984英尺（300米）、垂直速度超过每秒125英尺（38米）时，该设备将激活，打开备用伞盖。

（6）高度计。用于在跳伞时测量高度。

（7）护头装置。主要作用是便于着陆时，在坚硬的地面上保护跳伞者的头部安全。护头装置必须保证坚硬，而且内部有缓冲装置。为减少阻力，在设计上应是流线型，视野开阔，尺寸适合。只有这样在着陆时，才能有效保证跳伞者的头部安全。

（8）卫星定位仪（GPS）。GPS除能准确确定飞行中的位置外，其最有用之处是可以将飞行航线以程序形式输入仪表，在空中可指示你如何去飞行，显示飞行平均速度和到达下一站的预计时间，对在比赛和长途越野飞行中寻找目标转弯点，准确控制飞行航线有很大帮助。国际航联近年才批准将GPS应用于航空运动中。

二、跳伞运动的适应人群

由于受到跳伞器具、服装、场地、空域管制、天气等因素的限制，目前我国跳伞运动多是以俱乐部的形式开展。爱好者可以用电话或信息、邮件等方式与俱乐部取得联系，安排具体的日期。

跳伞之前需要出示市级以上医院一年内的体检证明（心电图、血压、血糖），在一切正常的前提下方可到基地办理相关手续，次日才能跳伞。跳伞前 3 天不能参加潜水活动、身上不要有未痊愈的骨伤。但就目前俱乐部的收费来看，普通人群还是难以接受的。体验一次 3 000 米高度的双人跳伞，需要交纳不低于 2 000 元的费用。如果需全程摄像、照相等则要另付费用。再加上吃、住、行，单次的花费在 3 000 元以上。

因此，同滑翔伞类似，跳伞是一种非普及化的运动，要有一定的收入水平和消费观念以及足够的精力和充沛的体力来参与这种富于刺激性的运动。

三、跳伞运动未来的发展趋势

跳伞是勇敢者的运动，是我国最早开展的航空体育项目之一，它从早期的救生，发展到用于军事目的，进而发展到救援、救灾、医疗紧急救护、体育竞赛、庆典表演、娱乐、挑战极限、社会公益活动等。随着我国国民经济的增长，广大人民群众的生活水平不断提高，业余闲暇时间逐步增多，进而追求生理及心理的满足，群众参与体育活动的意识进一步增强，休闲、健康已成为生活中的重要部分。而跳伞作为一种挑战极限的空中运动，也是年轻人释放压力、调节心情的一种方式。因此，会有越来越多的人参与到跳伞运动中来，参与的主流群体也逐渐由"富裕发烧友"演变为普通中产阶级。除此之外，跳伞的社会应用性还是存在很大的发展潜力的。

（一）安全救援

20 世纪初期，由于航空事业的发展，跳伞成为保证飞行人的安全的唯一方法。实践证明，跳伞确实解救了许多飞行人员的宝贵生命，是跳伞的基本社会功能。而后才逐步用来服务于经济建设和丰富人们的体育文化生活。至今，民航等部门还使用降落伞来保证乘客从失去控制的飞行器上安全逃生。

（二）竞技比赛

广阔的空中竞技场是航空运动的舞台，飞机跳伞是其中最夺目的奇葩。飞机跳伞是指人们从一定高度的飞行器上跳下后，在其全部或部分的下降过程中，借助空气动力和降落伞而进行的运动。

飞机跳伞是国际航联最早开展的航空体育项目之一。经过多年的不断演化，这项传统运动形成了一套国际通用的严谨细密的竞赛规则。竞赛科目分为定点跳伞、特技跳伞、造型跳伞、踩伞造型跳伞等。近年来，又出现了花样跳伞、滑雪跳伞和滑板跳伞。

（三）庆典表演

飞机跳伞运动具有惊、险、奇、美的特点，观赏性甚佳，从其诞生就作为大型庆典活动的助兴节目。有许多传统的表演项目一直保留，如喜降彩带、双人拉手、空中开花、巧叠罗汉、仙女散花、巧踩气球、空中彩虹、欢庆跳伞等。

第二节　滑翔运动分析及指导

滑翔是指物体不依靠动力，只利用空气的浮力在空中飘行。滑翔运动主要包括滑翔伞、动力伞、滑翔机、悬挂滑翔等。这里主要详细介绍结构简单、价格低廉，而且易于学习和掌握的滑翔伞运动。

滑翔伞在其诞生后不久就在欧洲迅速普及，并且在很短时间内风靡全世界。出于飞行理念的不同，滑翔伞可以分为休闲滑翔、竞技滑翔和特技滑翔三个领域。

一、滑翔伞运动的起源和发展

滑翔伞的英文名字是"PARA-GLIDER"。从它的词义我们可以看出，这是由跳伞"PARA"和滑翔"GLIDER"相结合的一项运动。滑翔伞是一种柔性翼悬挂滑翔飞行器，当它与空气做相对运动时，由于空气的作用，在伞翼上产生空气动力（升力和阻力），从而载人升空进行滑翔飞行。

滑翔伞运动起源于 20 世纪 70 年代末的欧洲。1978 年，法国登山家贝登和朋友利用一顶方形降落伞从阿尔卑斯山上成功地飞降到山下。随后引来许多登山爱好者的相继效仿，并逐步对设备进行改进。最大的特点就是将降落伞与滑翔翼相结合，这种构造使得滑翔伞在山坡起飞时，能够更好地自由翱翔。一项新的体育运动项目也由此诞生——滑翔伞运动。

1984 年来自法国的登山家罗格·菲隆（RoterFillon）从阿尔卑斯山的最高峰勃朗峰上飞下，引起众人的关注。自此新的航空体育运动开始流行。

起初的滑翔伞只是借助飞机跳伞的原理进行运动。但是这种伞无法满足山坡飞行爱好者，因为这种伞的下降速度快，滑行能力差。

20 世纪 80 年代，飞行专家发明了一种利用机械动力在平地起飞，然后自由翱翔的特殊翼型伞，这就是动力伞。动力伞的发明翻开了滑翔伞的新篇章。这种伞的主要特点是自由度和安全度非常高。主要由一台小型发动机和滑翔伞组成。场地要求低，飞行技术要求简单，爱好者可以利用任何地形飞行，当爬到一定高空后，只要关上发动机，就可以自由翱翔，充分体验飞行的乐趣。即使面对复杂的高空情况，也不会发生意外，只需重新打开发动机，就可以灵活操纵方向。

经过近 30 年的发展和演变，滑翔伞有了巨大的改变，已经成为一种独立的、呈月牙形的航空器。其性能有更高的提升，主要在速度、爬升和滑翔能力方面表现突出。现代滑翔伞飞行时间长达 14 小时以上，距离超过 300 千米。这种航行能力吸引了更多喜爱与大自然接触的爱好者。欧洲有 300 万人的滑翔伞爱好者。

20 世纪 80 年代，我国开始发展滑翔伞运动。1988 年 12 月，经国家体委批准成立了中国航空运动协会悬挂滑翔委员会；1989 年在新疆乌鲁木齐市举办了第一届全国滑翔伞比赛；随后，在得到社会广泛支持后，全国各地相继举行相关滑翔伞比赛，如全国比赛、"海峡杯"滑翔伞友谊赛、滑翔伞国际公开赛等国内、国际大赛，这些比赛为我国滑翔伞运动的发展奠定了良好的基础。

随着中国滑翔伞用户及俱乐部的增多，渗透率持续提高，市场规模也逐步扩大，根据数据，中国的滑翔伞行业市场规模逐年上涨，从 2016 年的 1.9 亿元上涨至 2021 年的 10.8 亿元，同比 2020 年上涨 22.73%。随着中国滑翔伞运动渗透率的持续提高，未来中国滑翔伞行业市场规模将会进一步扩大。目前，我国滑翔伞运动俱乐部已有多家，在中国航空运动协会登记注册的运动员已有上千人。由航空运动中心举办的每年一度的常规赛事主要有全国滑翔伞锦标赛和全国滑翔伞优秀选手赛。

二、滑翔伞运动未来的发展趋势

国家体育总局航空无线电模型运动管理中心在扶持、推广滑翔伞运动过程中，依据该项目的特点，遵循该项目发展的规律，来选定滑翔伞运动的发展途径和发展对象。通过俱乐部发展会员，为会员开展活动创造条件，提供良好的服务，扩大队伍规模，稳步向前地推动滑翔伞运动的发展。

虽然，我国滑翔伞还处于起步阶段，规模有限，但在个别区域内已经取得良好成绩。借此能够引领更多地区的爱好者参与到该项目中，为引导良性休闲、提高人们的生活质量，作出了积极贡献。

三、场地、设施与基本规则

（一）场地要求

1. 起飞场地

起飞场地要遵循一条重要的原则，就是起飞场地的坡度要大于滑翔伞的滑翔比。若坡度小于滑翔比，滑翔伞将难以离地升空。下面介绍起飞场地的一般要求。

（1）较为理想的起飞场地的坡度为 20~30 度（最好为 30 度左右）。坡度过于陡峭使人难以站稳，对起飞时伞衣充气、控伞和助跑加速都不利。

（2）起飞场地应正对常年风向，前方空域要开阔，地面要平整，最好有绿草覆盖，旁边不应有树木等障碍物，尤其在助跑加速段的地面上不能有凸起的石块、树根及大的凹坑，以防止钩挂伞具或者在助跑时被绊倒或扭伤脚踝。

（3）起飞场宽度应在 20 米以上，起飞助跑段也应有足够的长度，以保证在起飞失败时不至于发生危险。

（4）起飞场地旁边要有足够大的面积，用作飞行前准备、检查伞具和供人员休息。

（5）交通要方便，最好能有可供车辆上山的道路和停车场。

（6）供初学者使用的训练场地不宜过高，开始飞行训练时的高度以 50~60 米为好，待技术熟练后再逐步增加起飞点的高度。

要注意：山坡高低起伏落差不应太大，因为在风吹过这些深凹的地面时会产生涡流，可能会因为乱流造成伞衣变形而发生危险。

2. 着陆场地

着陆场地的选择通常要遵循与起飞场地相对应的山下平地处，具体位置的选择要根据具体情况，考虑起飞高度、滑翔伞的滑翔比和风速大小等因素。有条件的，最好咨询有经验的人或找专业人士试飞来确定，具体要考虑以下问题。

（1）应在安全地带起飞。所谓的安全地带，是远离障碍物如树林、湖泊、河流、高压线、村庄、池塘等可能危及生命安全的地区。空旷地带是起飞地带最佳选择。

（2）着陆场地应选择视野开阔、地面平整、松软的地带。对于一般初学者来说，着陆时应准确落在选择的着陆场地。切忌着陆场地在山坡上，因为当滑翔伞运动者着陆时，由于山坡斜面大，造成冲击力过大或站立不稳，很容易导致危险和造成损伤。

（3）交通要方便，以便接收飞行员。

（二）滑翔伞的构造

滑翔伞主要由四部分组成：翼形伞衣、伞绳、背带系统和操作系统。除此之外要准备一个背式包，以便于携带和运输滑翔伞装备。

1. 翼型伞衣

翼型伞衣是滑翔伞的主要部件，主要功能是承受滑翔伞载荷和产生滑翔伞升力。对升力产生重要影响的是伞衣的形状、面积以及气流相对运动的速度。翼型伞衣由数十个成型翼肋构成，其中上翼面、下翼面和沿翼展方向有规律分布，上下翼面与翼肋缝合，形成特定的伞翼形状。伞衣前缘按照翼肋的横向排列，构成一定尺寸的进气口。伞衣的上下翼面与各翼肋之间形成了一个个用于储存空气的气室，这是由于伞衣后缘是完全封闭而造成的。

当伞衣与空气做相对运动时，空气由进气口进入气室，因伞衣后缘封闭而不能排出，在空气冲压力的作用下，伞衣内腔产生一定的压力，使这种柔性伞衣保持一定的刚性和形状。在翼肋上的不同部位，还开有大小及数量不等的圆孔，目的是使各气室间的空气可沿翼展方向流动，用于平衡整个伞衣内部的压强，以利于保持整个伞衣形状，避免伞衣充气时因部分受力不均而塌陷。

2. 伞绳

伞绳的主要功能是保持滑翔伞整体结构不变形，同时也是承载滑翔伞传力的重要部件，飞行员主要通过伞绳对滑翔伞进行操纵。通常伞绳在伞衣中心轴两侧对称由前向后分为 3 或 4 组分布，上端在伞衣下翼面和翼肋的缝合部位与伞衣连接，下端通过可卸金属环与操纵带连接，伞绳与伞衣的连接点分布应根据设计要求，尽最大可能保持良好的翼面形状和受力状况。

伞绳长度应按操纵稳定性和保持攻角最佳位置的要求而确定，连接着伞衣前缘的伞绳叫作 A 组伞绳，在伞衣上依次向后连接气室分隔线的伞绳是 B、C 和 D 组伞绳（有些早期的型号可能没有 D 组），连接着伞衣后缘的伞绳是刹车绳，连接着平衡器的伞绳是平衡绳。

3. 背带系统

背带系统由多种不同功能的部件组成，是将飞行员固定并使之与伞翼系统相连接的承力部件，也是人体的防护部件。在固定、连接功能方面，它由主套带、肩带、胸带、腰带、回带、斜拉带、备份伞连接带以及金属环扣和快卸锁等组成，围绕背包形成一个整体。

背包下方还设计有装放水袋的口袋，口袋上缝有小口，当体重较轻的飞行员在较大风速的情况下飞行时，必须佩带水袋，只有在气象条件稳定后才允许通过排水口放出多余的水，以减轻伞的负重。高性能滑翔伞背带系统的臀后部位都设计有备份伞包，用于装放折叠好的备份伞。备份伞手抛拉环用尼龙搭扣粘贴于背带系统背包右下方，以便于应急时使用。

4. 操作系统

操作系统主要由操纵带、操纵绳和操纵圈组成。高性能滑翔伞附有脚蹬加速装置，必要时部分伞绳也可用于操纵。操作系统在伞衣中心线两侧对称分布。操纵带除与伞绳连接外，还可以实施一些高难动作，如加速、减速等。滑翔伞中脚蹬加速装置的主要功能是加快空中飞行的飞行速度。拉动操纵带和伞绳的效果，取决于伞衣是已升至头顶，还是位置很低，或处于在充气过程之中。

飞行员拉力的大小与起到的作用是相反的，通常来讲，拉动操纵带会减小升力，增大阻力，拉动的操纵带越靠后，阻力增加得就越大。

四、基本技术与训练方法

安全飞行的场地应选择在上坡上，山坡面向常年风向的位置为理想位置。要求地带空旷，没有障碍物；高度合适，保证能够完成飞行距离并安全着陆；宽度合适，风能够顺坡向上吹风；着陆地点足够大，保证安全着陆。

（一）铺伞

伞包中取出伞，放于地面，平整铺开。伞的地面朝上，把伞衣前缘放在尾缘的后面（相对于准备起飞的方向）。如果安装了平衡器，它们应当被折在伞衣末端的上面，保证所有伞绳可见，不能盖住伞衣的任何部位。检查伞的完整度，看是否有磨损、破坏的地方。

（二）伞的充气

伞的充气包括正向或反向两种（正向充气，即充气时飞行员面对下坡方向，伞衣拖在背后；反向充气，即在充气之前和充气过程中面对伞衣）。正向充气通常用于无风时（不会有风把未负重的伞衣吹跑），这样你就可以在穿上座袋之前就把操纵带挂在座袋上。

对于反向充气，最好是在面对伞衣，处在反向的位置时才把操纵带挂上。面对伞衣挂上操纵带，能使你对于可能会抬起伞翼的突发阵风有更敏锐的察觉而作出更快速的反应。

（三）起飞

1. 在无风和微风中起飞

在起飞之前，必须首先确保自己做好了起飞的准备。伞衣干净利落地停留在头顶，没有任何东西会干扰对伞的正确控制。在微风中，可以拉下两侧的刹车，或是完全拉下后操纵带，来使伞衣在身后塌陷。一旦确定伞衣可以飞行，要松开一些刹车，平稳地加速，少量地使用刹车来帮助控制伞衣方向（太多的刹车会使伞衣在身后落下）。

通过充分地前倾身体和弯曲膝盖，使伞衣负载，就可以获得最大速度。当达到最大助跑速度后，如果还没有飞起来，柔和地使用刹车，以获得升力离开地面。如果使用了刹车来获得升力，一旦升空离开了地面就慢慢地松开它们，以获得飞行速度。

2. 在中风和强风中起飞

如果充气情况良好，松开A组和C组操纵带，立刻转身向前。把身体的重量保持在前面，这能帮助我们在起飞的过程中向前推进。在强风中如果做不到这点，就会被升起来吹到后方山顶之上的区域，那里风速更大，更难向前突破。在任何山坡上起飞，都要把双脚保持在身体的下方，为回到地面再次助跑做好准备。一旦安全地离开了地面，就可以向后坐进座袋。

在山坡训练的初级阶段，应该用更加直立的姿势来飞行，双脚在身体的下面。当进步到可以做更长的飞行时，你会发现，更加后仰的姿势更加舒服，呈流线型，这能帮助你对于伞衣的泄气作出更快的反应。千万不要在双手握着刹车操纵圈时，向下伸手去调整自己在座袋里的位置，这会让伞衣失速。如果你必须用手来使自己坐进座位里去，把两侧的刹车操纵圈都交到一只手里去，用另一只手伸下去把座位朝前推，让自己滑进座位里去。

（四）滑翔伞飞行

1. 转向

滑翔伞可以自由转向。滑翔伞拥有刹车组伞绳，刹车组连接在伞翼的尾端，飞行时左右手各持相应一侧的刹车手柄。当拉下一侧刹车手柄后，该侧尾段被拉下，阻力增大，伞翼会向该方向旋转，从而达到转弯的目的。

2. 爬升

滑翔伞自身没有动力，必须依靠外力进行爬升。天气晴朗时，飞行员通过控制飞行方向进入热气流可以爬升到当天积云的高度，通常为 2 000 ~ 4 000 米的露点高度，或者在风力较强的天气下依靠山形造成的动力气流徘徊在陡坡峭壁。通常依靠动力气流得到高度有限，基本相当于山的高度。

3. 下降

如无外力影响，通常滑翔伞会以每秒 1 米至 1.5 米的速度下降。紧急下降方式包含以下三种。

（1）单鞭：用两手抓住 A 组最外侧的伞绳然后拉下，以减少有效翼面面积，从而达到增大下沉率的效果。需要注意的是进行此操作以后无法使用刹车线（Brake Code），旋回必须完全靠重心移动来完成。同时，这项操作有可能会引起滑翔伞失速，单鞭操作和加速器的并用会减轻失速的危险。结束此项操作时，先解除加速器操作，然后再放开拉着的 A 组最外侧的伞绳。（注：有一部分早期的滑翔伞是用 A 组的最外侧两根伞绳进行此操作）。

（2）B 组失速：双手抓住 B 组，同时用力拉到胸前使伞面变形并造成失速，这样可以获得较大的下沉率（大约 5 到 7m/s）。这种失速状态与完全失速（Full Stall）不同，是可以被控制的。结束此项操作时，将拉着的 B 组完全放开即可。但需要注意的是滑翔伞并不会立即开始滑翔，因此过早的刹车线操作将会导致滑翔伞完全失速。

（3）螺旋下降：下沉率大于 14m/s。进行此项操作的飞行员需要有高度的技术，同时此项操作伴有飞行员黑视（Black Out）的危险性。

4．着陆

与飞机跳伞的冲击着陆不同，滑翔伞着陆要轻柔得多。着陆前滑翔伞须正对风向减小对地速度，在距离地面数米处通过双侧施加较大幅度的刹车可以实现接近零速度零下落的雀降。

5．收伞

飞行员降落时，应立刻将大伞收到空旷的地带慢慢整理，留出后续飞行员降落的地带。收伞时先将两手的操纵环分别扣回原位，然后理整齐两组操纵带，左手握住小连接环处，右手将所有吊绳握在手中，手臂尽量伸到最长，然后绕成圆形交至左手，再继续将吊绳收于左手中，一直到无法再收为止，然后右手握住吊绳与伞衣连接处背至肩上。一边收吊绳，一边向前走。不要原地用力拉吊绳，以免伞衣被尖锐物剐破。

第三节　热气球运动项目分析及指导

一、热气球运动简介

热气球运动是一种国外流行、国内新兴的体育运动项目，而且是一项老少皆宜的运动项目。据国际航联统计，所有飞行器中，热气球的安全系数最高。热气球不仅给人类的飞翔之梦插上了翅膀，而且将这个梦想点染得五彩缤纷、绚烂夺目，人类激情的创造力、天才的想象力，在热气球上表达到了极致。

（一）热气球的起源和发展

热气球在中国有悠久的历史。2000 多年前，汉武帝时代淮南王刘安的门客们编写的《淮南万毕术》中就记有"艾火令鸡子飞"。到了五代时期，莘七娘随夫去福建打仗时，将松脂灯用于军事联络。松脂灯是用竹篾扎成方架，做成大灯，点燃置于托盘上的松脂，上升的松烟，把灯笼托起。到了元朝，人们曾用带颜色的"灯球"当军事联络信号。松脂灯也称"孔明灯"，在民间广泛流传，这可以说是世界上最早的热气球。知名学者李约瑟也指出，公元 1241 年蒙古人曾经在李格尼兹（Liegnitz）战役中使用过龙形天灯传递信号。

1783 年 6 月 4 日，蒙戈菲尔兄弟在里昂安诺内广场做公开表演，一个圆周为 110 英尺（33 米）的模拟气球升起。兄弟俩用稻草和木材在气球下面点火，气球慢慢升了起来，飘然飞行了 1.5 英里（2.4 千米）。

1905 年，湖广总督张之洞从日本购进山田式侦察气球两个，该气球为椭圆形，直径约 3 米、长 10 余米，下系巨缆，固定在大绞盘上由士兵摇轴旋转升降，气球下悬吊篮。当人升到高空后，利用吊篮中装备的有线电话与地面联系，也可以使用旗语，在军事上发挥了巨大作用。气球当时作为新式军械，曾在武昌阅马场东兵营演放。

第二次世界大战以后，高新技术的不断发展，使材料和燃料有了巨大提高，并广泛普及，热气球成为不受地点约束、操作简单方便的公众体育项目。

（二）我国热气球运动的开展情况

1982 年 9 月，美国福布斯杂志社主编福布斯先生（M.L.Forbes）带着他的热气球访问了我国西安、洛阳、北京，在北京的八达岭长城脚下他亲自驾球飞行表演。这是新中国成立后，首次在中国大地上的热气球飞行。福布斯将他带来的"中美友谊"热气球赠送给了我国。

1983 年中国首批热气球驾驶员开始飞行，这一刻代表我国热气球运动的诞生。中国航空运动协会曾成功地举办了三次以"飞越长城"为主题的北京国际热气球邀请赛，还安全顺利地组织了热气球飞越黄海和琼州海峡的探险飞行，以及上海电影节热气球汇展等大型表演活动。此后，我国热气球对相继参加多种国际比赛，为中外交流奠定良好基础，同时在热气球运动方面的经验日益丰富。

在 2008 年第 24 届太平洋杯国际热气球赛上，我国选手左丹在比赛中获得了亚军。这是中国运动员参加国际热气球大赛所取得的最好成绩。这标志着我国热气球运动已走向国际舞台，为日后我国热气球运动普及和发展做出巨大贡献。

2019 全国热气球锦标赛在山西大同举办，百余名国内热气球飞行顶级高手从五湖四海而来，北京、广东、甘肃等 15 个省 16 个俱乐部 42 只热气球参赛。本次热气球赛事活动对推广航空运动项目起到了重要作用。

（三）热气球运动的特点

热气球的基本原理是热胀冷缩，当空气受热膨胀后，比重会变轻而向上升起。热气球没有动力系统，在空中不能主动操纵改变方向，但是，在不同的高度，风的方向和速度不同，驾驶员可根据飞行的需要选择适当的高度。因此，驾驶气球探险是人们征服自然、体现自我的极好选择。

热气球是人类最早的升空载体，而随着热气球材料的改进、制作工艺的提高、驾驶技术的日臻完善，热气球飞行已成为任何地点都可进行、任何人都可尝试的新型空中体育项目，热气球运动已发展成为一种非常流行的体育休闲娱乐活动。

同时，当今的热气球工艺先进，能做出各种象形的异型球，加之气球体积庞大，几千立方米的气球有几十米高，五颜六色的外表可以缝制各种精美的图案。在空中飘飞时，极易吸引人们的注意力，并留下深刻的印象。因此，热气球运动还是很多大型庆典活动不可或缺的内容。

（四）热气球的主要构成装备

热气球由球囊、吊篮和加热装置等部分构成，球皮由强化尼龙制成（部分由涤纶制成），质量很轻，但非常结实，球囊不透气。

1. 吊篮

吊篮由藤条编制而成（我国大多数采用东南亚进口的材料），着陆时能起到缓冲的作用。

吊篮四角放置四个热气球专用液化气瓶，置计量器，吊篮内还装有温度表、高度表、升降表等飞行仪表。

2. 燃烧器

燃烧器是热气球的心脏，比一般家庭煤气炉的燃烧能量大 150 倍。当主燃烧器点燃时，火焰有 2 ~ 3 米高，并发出巨大的响声。点火燃烧器是主燃烧器的火种，另外，热气球上有两套燃烧系统，以防备在空中出现故障。

3．压力舱

环球飞行的飞行员们住在一个密封性能极好的压力舱中，压力舱提供了适宜的温度、压力和空气环境，这与普通热气球上的吊篮不可同日而语。

4．燃料

热气球通用燃料是丙烷或液化气，气瓶固定在吊篮内，一只热气球通常能载运 20 千克的液体燃料。

（五）热气球类型

国际航空联合会（FAI）下属的气球理事会（CIA）根据填充的气体不同，把气球分成四类。

1．AA 型

填充比空气轻的气体如氢气或氦气，气囊不密闭，没有加热装置。

2．AX 型

气囊填充空气，通过装置对空气加热，使之变轻获得升力，又被称为热气球。

3．AM 型

既填充"轻气"，又具有加热装置的气球，亦被称为罗泽（Rozier）气球。

4．AS 型

填充"轻气"，气囊密闭。由于高度可通过充气量控制，用于科学研究。标准氢气球体积有以下级别：7 级球体积 2000～2400 立方米；8 级 2400～3000 立方米；9 级 3000～4000 立方米；10 级 4000～6000 立方米；异型球 2300 立方米。

二、热气球运动的适应人群

热气球的飞行驾驶简单易学，器材的性能安全可靠，老少皆宜，一般人都能从事该项活动。只要按规定程序操作，飞行安全是完全有保证的，安全系数高。

国际航联曾将其确定为最安全的航空器。但热气球运动需要考取中国民航局颁发的热气球飞行驾照。学习飞行、体检、考试费用约人民币 18000 元；

一只标准热气球，价格约 68000 元，包括一个球囊，一个燃烧器，一个吊篮和四个特制气瓶，其中球囊使用 400 小时后需要更换；需要携带的装备（高度表、CPS、对讲机、点火枪）合计价格在 10000 元左右；单次飞行（地勤车、协助起飞和降落的地勤人员、液化气等）的费用也在 1000 元左右。因此，就我国目前的情况来看，热气球是富人才能玩得起的一项运动。

三、热气球的发展趋势

自热气球引入中国起，就得到了社会各界的广泛关注。随着经济的腾飞和人们生活方式的巨大变化，热气球运动一直追随着现代人求新、求变、求惊险刺激，它本身不仅是一种新兴的体育项目，还在休闲娱乐、航空拍摄、观光旅游、广告宣传等领域有着广泛的发展前景。

（一）娱乐观光

相对于私人飞机的高投入，热气球的飞行费用要便宜得多，且对场地要求不高，只要有块空地就可以起降。它可与旅游观光相伴，在游览胜地乘上热气球，升到空中俯瞰名山大川，将秀美景色尽收眼底，还多了一番征服者的豪情。作为个人或家庭也可以拥有一个热气球，或是选择一个俱乐部，远离喧嚣的城市，周末去郊外飞行，欣赏朝霞和落日，既能亲近自然又能体验惊险刺激，是理想化和充满时尚色彩的选择。

（二）广告宣传

热气球因其体积庞大，色彩艳丽，场面壮观，极具视觉冲击力，给您的创意、设计提供无限的想象空间和足够的施展空间。热气球一旦点火升空，便可乘风低空飞行于高楼大厦、绿树之上，形成一道亮丽的风景线，其广告效果自然不言而喻。热气球是广告家族中骄傲的一员。

（三）航空摄影摄像

当条件适合，气球或飞艇还可以用来进行航空摄像、摄影。在一些发达国家，借助热气球在空中拍摄大型活动，或是为城市做空中规划等，都是司空见惯的事情。这与用飞机进行拍摄是截然不同的。飞机由于发动机的噪声及振动，影响拍摄效果，而热气球恰恰弥补了这些不足，平稳安静的飞行使航拍轻松实现。

（四）空中婚庆活动

　　热气球还能够为人们提供新奇浪漫、难以忘怀的婚礼。根据不同的需求，热气球可以进行地面系留飞行，也可以真正地放飞，在绝对安全的宽大吊篮里，足够容纳飞行员、新娘（新郎）、摄影师和香槟酒，而亲朋好友则在地面上翘首仰望。空中婚礼在国际上早已不是首创。乘坐热气球这一别致的形式，让婚庆活动锦上添花。

参 考 文 献

[1] 马广卫，田明，赵全斌. 休闲体育理论透析及其产业化发展与运作研究 [M]. 吉林：吉林出版集团，2021.

[2] 姜君. 实用与休闲体育[M]. 北京：国家开放大学出版社，2021.

[3] 彼得·泰勒. 托克尔岑的运动与休闲管理[M]. 徐茂卫，译. 北京：中国旅游出版社，2014.

[4] 凡勃伦. 有闲阶级论[M]. 蔡受百，译. 北京：商务印书馆，2013.

[5] 杨铁黎. 体育产业概论[M]. 北京：高等教育出版社，2010.

[6] 程遂营. 北美休闲研究：学术思想的视角[M]. 北京：社会科学文献出版社，2009.

[7] 爱丁顿，陈彼得. 休闲：一种转变的力量[M]. 李一，译. 杭州：浙江大学出版社，2009.

[8] 朱寒笑. 中国城市体育休闲服务组织体系研究[M]. 北京：北京体育大学出版社. 2009.

[9] 赵立等. 体育概论[M]. 北京：高等教育出版社，2009.

[10] 于光远，马惠娣. 于光远马惠娣十年对话[M]. 重庆：重庆大学出版社，2008.

[11] 马旭晨. 现代项目管理评估[M]. 北京：机械工业出版社. 2008.

[12] 罗普磷. 社会体育管理学教程[M]. 北京：北京体育大学出版社，2008.

[13] 肯·罗伯茨. 休闲产业[M]. 李昕，译. 重庆：重庆大学出版社，2008.

[14] 吴承忠. 国外休闲经济——发展与公共管理[M]. 北京：人民出版社. 2008.

[15] 刘勇. 体育市场营销[M]. 北京：高等教育出版社，2007.

[16] 俞诚士. 体育赞助攻略[M]. 石家庄：河北科技出版社，2007.

[17] 卿前龙. 休闲服务与休闲服务业发展[M]. 北京：经济科学出版社，2007.

[18] 张海荣，方启东. 休闲学概论[M]. 昆明：云南大学出版社. 2007.

[19] 尤建新. 企业管理概论[M]. 北京：高等教育出版社，2006.

[20] 朱小明，张勇. 体育营销[M]. 北京：北京大学出版社，2006.

[21] 杨桦，李鸿江．第 29 届奥运会竞赛项目通用知识读本[M]．北京：北京体育大学出版社，2006

[22] 胡立君．体育营销[M]．北京：清华大学出版社，2005．

[23] 李海波，刘学华．企业管理概论[M]．上海：立信会计出版社，2005．

[24] 张宏，陈华．休闲体育管理[M]．北京：中国人民大学出版社，2005．

[25] 马惠娣．走向人文关怀的休闲经济[M]．北京：中国经济出版社，2005．

[26] 王琪延．休闲经济[M]．北京：中国人民大学出版社，2005．

[27] 杨文轩，杨挺．体育概论[M]，北京：高等教育出版社，2005．

[28] 于光远．论普遍有闲的社会[M]．北京：中国经济出版社，2005．

[29] 马惠娣．休闲：人类美丽的精神家园[M]．北京：中国经济出版社．2005．

[30] 章海荣．旅游文化学[M]．上海：复旦大学出版社，2004．

[31] 蔡俊五，赵长杰．体育赞助——双赢之策[M]．北京：人民体育出版社，2002．

[32] 李明．体育产业学导论[M]．北京：北京体育大学出版社，2001．

[33] 卢元镇．体育社会学[M]．北京：高等教育出版社，2001．

[34] 约翰·凯利．走向自由：休闲社会学新论[M]．赵冉，季斌，译．昆明：云南人民出版社，2000．

[35] 托马斯·古德尔，杰弗瑞·戈比．人类思想史中的休闲[M]．成素梅，马惠娣，季斌，等，译．昆明：云南人民出版社，2000．